Analyse du discours

Rédacteur en chef
Susan McQuay

Personnel de rédaction
Eugene Burnham, Directeur de publication
Eleanor J. McAlpine, Correcteur

Personnel de production
Priscilla Higby, Directeur de la production
Judy Benjamin, Compositeur
Barbara Alber, Dessinateur de couverture

Image de couverture par Rosy : « Le monde vaut des milliers de photos » de Pixabay

Analyse du discours
Un manuel des concepts fondamentaux

Robert A. Dooley et Stephen H. Levinsohn

Version Française
Document traduit en français par l'équipe du S.T.A.F.
(Wycliffe France)

Contact: TranslationServices_afafr@sil.org

SIL International®
Dallas, Texas

© 2024 SIL International®
Ce manuel est une adaptation du livre
Analyzing Discourse: A Manual of Basic Concepts, Revised Edition (c) 2023
Library of Congress Control Number: 2024939226
ISBN 978-1-55671-543-3 (pbk)
ISBN 978-1-55671-544-0 (ePub)

Tous droits réservés

Aucune partie de cette publication peut être reproduite, enregistrée dans un système de recherche ou transmise sous quelque forme ou sous quelques moyens — électroniques, mécaniques, photocopies, enregistrements ou quelconques autres choses — sans l'autorisation expresse de SIL International®. Cependant, de courts passages généralement compris comme étant dans les limites d'un usage raisonnable peuvent être cités sans autorisation.

Des données et des documents rassemblés par des chercheurs dans une époque avant que la documentation d'autorisation soit standardisée peuvent être incluses dans cette publication. SIL fait de consciencieux efforts pour identifier et reconnaitre les sources et pour obtenir les autorisations appropriées partout où c'est possible, en agissant en bonne foi et sur la base de la meilleure information disponible au moment de la publication.

Des copies de ceci et d'autres publications de SIL International® peuvent être obtenues au travers de distributeurs comme Amazon, Barnes & Noble, autres distributeurs mondiaux et pour des volumes sélectionnés, publications.sil.org.

SIL International Publications
7500 W. Camp Wisdom Road
Dallas, Texas 75236-5629 USA

Questions d'ordre général : publications_intl@sil.org
Questions au sujet d'une commande en souffrance : sales@sil.org

Préface

Ce manuel est une introduction à l'analyse du discours. Il est destiné aux futurs linguistes de terrain. Le meilleur moyen de comprendre le fonctionnement du discours dans une langue donnée étant, à notre avis, d'en analyser des textes en les confrontant aux principes discursifs, nous ne présentons donc que le strict minimum : c'est-à-dire les concepts discursifs fondamentaux. Ceux-ci serviront de point de départ à une analyse approfondie des données recueillies sur le terrain. Nous croyons aussi que les concepts abordés sont très utiles pour tous les aspects d'un programme de langue comprenant : l'apprentissage initial, l'analyse lexicale, la sémantique et la morphosyntaxique, ainsi que les applications linguistiques (enseignement, écriture d'ouvrages … où il est très important de s'exprimer clairement), etc.

En raison de nos objectifs, cet ouvrage combine des caractéristiques que nous n'avons pas trouvées ailleurs. Premièrement, nous avons voulu qu'il soit concret et aborde des problèmes fréquemment rencontrés par les linguistes de terrain. Aussi, plutôt que de chercher à appliquer une théorie rigide ou de passer en revue différentes approches, nous proposons une méthodologie affinée par des années de pratique. Deuxièmement, bien que nous ne suivions pas une théorie rigide, notre but n'est pas d'offrir un « méli-mélo » de diverses méthodologies, mais d'essayer de présenter le contenu de cet ouvrage dans un cadre cohérent et productif, à savoir une approche fonctionnelle et cognitive. Celle-ci semble relativement bien refléter la production et la compréhension du discours dans la réalité. Troisièmement, nous avons été brefs. La plupart des chapitres ne dépassent pas quatre pages et ce manuel peut s'étudier en quinze heures de cours. Même s'il s'agit d'une introduction et non d'une étude complète du discours, nous donnons des références permettant de faire des études plus approfondies sur les sujets abordés.

Les lecteurs peuvent se servir de ce manuel seuls ou en groupe, par exemple lors de cours ou de séminaires de travail (ateliers en linguistique). En groupe, il sera possible d'illustrer les concepts par l'étude d'autres textes provenant d'une langue en particulier, de langues de la même région, de la même famille, du même type ou encore de langues de différents types.

Nous remercions chaleureusement tous ceux qui nous ont fait part de leurs commentaires sur le contenu de ce manuel en relevant des erreurs et en proposant des améliorations aux chapitres. Nous aimerions citer particulièrement Paul Vollrath qui a étudié chaque chapitre en profondeur et qui a donné de nombreuses idées pour améliorer leur clarté.

RAD

SHL

Chapitres 1–4
Les types de textes

1
Les producteurs : le nombre de locuteurs

Dans les langues naturelles, les discours sont composés de phrases et les phrases sont composées de mots. Mais qu'est-ce qui constitue un discours ? Comment les discours sont-ils organisés ? La plupart des locuteurs n'en ont qu'une vague idée.

L'une des raisons, c'est l'existence de plusieurs types de discours, chacun ayant sa propre organisation. Donc, avant de voir à la fin de ce manuel, les points communs entre les discours, commençons par passer en revue quelques-uns des aspects en fonction desquels ils diffèrent. Nous nous intéresserons particulièrement dans ce chapitre aux traits discursifs « qui ont tendance à rester stables tout au long d'une bonne partie d'un discours » et souvent tout au long d'un discours, contrairement aux « traits qui ont tendance à changer continuellement au cours du discours » (Leech 1983 : 12). Ce sont ces traits discursifs stables qui nous permettent de parler de « types de texte »[1].

1.1 Les aspects du discours

Les discours diffèrent généralement en fonction d'un certain nombre d'aspects dont :

---

[1] Dans ce manuel on emploiera généralement les termes « discours » et « texte » comme synonymes. Une vue d'ensemble du champ de l'analyse du discours se trouve dans Dijk (1997). Un historique de cette discipline est donné dans De Beaugrande (1997).

- Les producteurs : le nombre de locuteurs qui ont produit le discours (chapitre 1) ;
- Le type de contenu : le genre textuel (chapitre 2) ;
- La manière de produire le discours : le style et le registre (chapitre 3) ;
- Le canal de la production : oral ou écrit (chapitre 4).

Comme on le constatera, un nombre aussi restreint d'aspects ne peut donner aucune classification qui rende compte de la variété des discours observés dans la réalité. D'une part, chacun de ces quatre aspects pourrait donner bien plus de subdivisions que ce que nous allons tenter ici. D'autre part, des discours peuvent se trouver enchâssés dans des discours d'un type différent du leur et il est fréquent d'avoir plusieurs degrés d'enchâssement (voir section 2.2).

1.2 Le monologue opposé au dialogue

Un des aspects en fonction duquel les discours diffèrent est le nombre de locuteurs qui le produisent. Certains discours sont produits par un locuteur unique, on les appelle des MONOLOGUES. D'autres le sont par plusieurs locuteurs, on parle alors de DIALOGUES ou CONVERSATIONS[2]. Ce manuel traitera principalement des monologues. La section suivante propose donc quelques observations sur le dialogue[3].

1.3 Les tours de parole et les mouvements dans le dialogue

On appelle TOUR DE PAROLE ce qu'un locuteur donné dit avant qu'un autre parle. L'exemple (1) ci-dessous est extrait d'un dialogue et compte trois tours de parole : deux du locuteur A et un du locuteur B.

(1) A: Peux-tu me dire pourquoi tu manges toute cette nourriture ?
    B: Pour rester fort.
    A: Pour rester fort, oui, pour rester fort.
        Pourquoi veux-tu être fort ?

Il peut y avoir à l'intérieur d'un même tour de parole plusieurs MOUVEMENTS fonctionnels. Dans l'exemple (1), le deuxième énoncé du locuteur A consiste en un tour de parole, qui comporte deux mouvements (Coulthard

---

[2] Dans ce manuel, le terme « locuteur » servira à désigner la personne à l'origine du discours (écrit ou oral) et « allocutaire » désignera la personne qui le lit ou l'écoute.
[3] Ce que nous appelons monologue est un discours souvent produit conjointement jusqu'à un certain point. « Le récit n'est pas seulement l'œuvre de celui qui l'introduit, mais aussi des nombreux lecteurs et interlocuteurs qui influencent la direction qu'il prend » (Ochs 1997 : 185).

1977 : 69) : une évaluation de l'énoncé du locuteur B (*pour rester fort, oui, pour rester fort*), suivi d'une question (*Pourquoi veux-tu être fort ?*).

Longacre (1996, chapitre 5) distingue différentes sortes de mouvements (qu'il appelle « énoncés »). La première est le MOUVEMENT INITIAL (MI), qui débute l'échange dialogique. Cet échange se termine ou est conclu par un MOUVEMENT DE RÉSOLUTION (MR). Dans (1), par exemple, les deux questions posées par le locuteur A (*Peux-tu me dire pourquoi tu manges toute cette nourriture ?* et *Pourquoi veux-tu être fort ?*) sont des mouvements initiaux. À son tour, la réponse du locuteur B à la première question de A (*Pour rester fort*) est un mouvement de résolution qui conclut l'échange. On peut donc noter les deux premiers tours de parole de (1) de la façon suivante :

(2) A: Peux-tu me dire pourquoi tu manges toute cette nourriture ? (MI)
B: Pour rester fort. (MR)

L'exemple (2) forme une unité discursive en soi, un segment discursif reconnaissable, quel que soit les autres éléments du dialogue dont il est extrait. On trouve ces unités discursives dans tous les types de discours et nous les étudierons plus loin de façon plus générale. Notons simplement ici que l'on trouve très souvent au sein des dialogues un certain type d'unités caractéristiques qui commencent par un mouvement initial et se terminent par le mouvement de résolution correspondant. On les désigne parfois par le terme de PAIRES ADJACENTES (Coulthard 1977 : 70 ; voir aussi section 14.2), même si, comme nous le verrons, les deux parties peuvent ne pas être en réalité adjacentes.

Longacre identifie un autre type de mouvement : le MOUVEMENT D'OPPO-SITION (MO) qui, placé entre le mouvement initial et le mouvement de résolution, retarde la résolution ou la conclusion de l'unité[4]. Il arrive parfois qu'un mouvement d'opposition ait une deuxième fonction, celle de mouvement initial, laquelle suscitera alors son propre mouvement de résolution. Nous pouvons observer cela dans l'exemple suivant, extrait d'un dialogue (Longacre 1996 : 132–133). Trois des mouvements d'opposition sont aussi des mouvements initiaux, ce qui donne lieu à quatre niveaux de résolution (les différents alinéas indiquent les paires de mouvements initiaux et de résolution) :

(3) A: Je t'invite à déjeuner avec moi, jeudi à 14 heures. (MI)
   B: Puis-je emmener un de mes fils ? (MO/MI)
      A: Pierre ou Jean Batiste ? (CM/IM)
         B: Est-ce important de savoir lequel ? (MO/MI)
         A: Oui, certainement. (MR)
      B: Ok, Pierre, l'aîné. (MR)
   A: Très bien. (MR)
B: Ok, merci, on y sera. (MR)

---

[4] Longacre l'appelle « continuing utterance » (« énoncé continu »).

Bien entendu tous les dialogues ne se terminent pas d'une façon aussi symétrique. Par exemple, dans (4) (Longacre 1996 : 131), l'énoncé final résout (si on peut employer ce terme) l'énoncé directement précédent de A. Le premier mouvement initial de A reste sans réponse, tout comme le mouvement d'opposition et celui initial de B :

(4)   A: Où est-ce que tu vas Pierre ? (MI)
       B: Pourquoi veux tu savoir ? (CM/IM)
          A: Tu te mets toujours en colère. (MO/MI)
          B: Menteur ! (MR)

Les notions de mouvement initial, de mouvement de résolution et de mouvement d'opposition sont utiles pour l'analyse de dialogues. Mais les choses sont souvent plus complexes.

- Au cours d'une conversation, les tours de parole ne sont pas toujours réguliers au cours d'une conversation. Même en français d'Europe, où normalement, une seule personne parle à la fois, on observe des « silences » (où personne ne parle) et des « chevauchements » (quand plusieurs personnes parlent en même temps) (Coulthard 1977 : 53). Dans certaines cultures il est normal que plusieurs personnes parlent en même temps, ce qui rend les actants simultanément locuteurs et allocutaires.
- Selon les cultures, la façon d'indiquer qu'un locuteur a terminé son tour de parole ou est parvenu à « sa possible fin » varie. Ce peut être par des signaux grammaticaux (la fin d'un énoncé), paralinguistiques (volume sonore, débit) ou kinésiques (contact visuel, gestes, etc.) (Coulthard 1977 : 52–62). Par ailleurs, chaque culture a ses règles pour fixer qui peut parler et quand.
- Il se peut, comme le relève Longacre lui-même, que les trois catégories de mouvements conversationnels (initial, d'opposition, de résolution) ne soient pas adéquates. En effet, le premier mouvement contenu dans le deuxième tour de parole de A en (1) n'entre dans aucune d'elles.

Concepts Clés :
monologue
dialogue/conversation
   tour de parole
   mouvement
      paire adjacente
         mouvement initial
         mouvement de résolution
         mouvement d'opposition

2
Le type de contenu : le genre du texte

De nombreux textes appartiennent à un type discursif reconnaissable dans une langue et une culture données. Ainsi en français d'Europe, un courrier professionnel et les brèves salutations de deux personnes pressées sont deux types discursifs différents. Chaque type de texte a son propre usage socioculturel, en fonction duquel il réunit un ensemble de propriétés textuelles et linguistiques caractéristiques. Ces propriétés textuelles comprennent le plus souvent un nombre typique de locuteurs (en général un ou deux), un registre particulier et un canal (toutes ces notions sont traitées dans ces chapitres introductifs). En plus, il peut avoir un contenu limité, respecter une structure globale spécifique ou devoir se plier à des contraintes formelles comme les vers en poésie. On appelle GENRES, les types de textes qui se caractérisent par un ensemble reconnaissable de propriétés en vue d'un objectif culturel particulier (Bakhtin 1986 : 60 ; Eggins et Martin 1997 : 236). Longacre (1996 : 8) emploie le terme de TYPE NOTIONNEL.

Une grande partie de l'analyse opérée sur le discours ne peut qu'être propre au genre. Même si, parce qu'ils sont des discours, un courrier professionnel et des salutations auront des points communs, de nombreuses observations linguistiques sur un texte donné ne peuvent faire l'objet d'une généralisation ; elles ne sont valables que pour un certain type discursif. « Le linguiste qui ignore la typologie du discours ne peut qu'échouer » (Longacre 1996 : 7).

2.1 Les grandes catégories de genre

Par définition, le genre est propre à chaque culture. Chaque langue et culture aura un nombre impressionnant de variétés de genres qui lui sont propres[1]. Toute liste des genres universels doit donc être plus générale. Ici, nous ne présenterons que les grandes catégories de genres, en reprenant Longacre (1996). Sans surprise, ces catégories n'auront pas nombre des propriétés liées à des genres spécifiques ; elles garderont, toutefois, certaines caractéristiques utiles.

La catégorisation très générale de Longacre se fait à partir de quatre traits affectés des signes +(plus) ou – (moins). On peut considérer deux de ces traits, la succession temporelle contingente et l'orientation vers l'agent, comme les traits principaux qui permettent d'identifier les quatre grandes catégories. La SUCCESSION TEMPORELLE CONTINGENTE désigne un cadre « dans lequel certains événements ou actions (en général, la plupart) sont dépendent d'événements ou d'actions antérieures » (1996 : 9). Ainsi l'arrivée du Petit Chaperon Rouge chez sa grand-mère dépend de sa sortie de la forêt tout comme la cuisson d'un gâteau au four (dans une recette de cuisine) ne peut se faire qu'après avoir mélangé les ingrédients appropriés. Le deuxième trait principal, l'ORIENTATION VERS l'AGENT fait référence au fait que le type discursif traite ou non « d'événements ou d'actions » qui sont contrôlés par un agent (celui qui fait l'action), « en mentionnant tout au long du discours au moins l'identité partielle de l'agent » (1996 : 9). Dans l'exemple précédent, le Petit Chaperon Rouge et le loup sont des agents de l'histoire. L'allocutaire est aussi un agent (potentiel) dans une exhortation, etc.

Le tableau (5) présente les quatre catégories de genres résultant de ces deux traits.

(5) Grandes catégories de genre (Longacre 1996, chapitre 1)

		Orientation vers l'agent	
		+ (plus)	– (moins)
Succession temporelle contingente	+ (plus)	Narratif	Procédural
	– (moins)	Comportemental	D'exposition

Ainsi le discours NARRATIF (contes, etc.) est avec orientation autour des agents et avec succession contingente, pour les raisons étudiées plus haut. Le discours PROCÉDURAL (« comment faire une chose, comment cela a été fait, de quelle façon cela a lieu ») est avec succession contingente mais sans orientation vers l'agent, car « l'attention doit se porter sur ce qui se fait, non

---

[1] Selon Bakhtin (1986 : 80), « Il n'existe pas encore de liste des genres discursifs oraux, ni même de principe sur lequel pourrait reposer une telle liste ».

sur qui le fait » (Longacre 1996 : 9). Le discours COMPORTEMENTAL (exhortation, éloge funèbre, certains discours de candidats à des élections, etc.) est sans succession contingente mais avec orientation vers l'agent puisque « il traite de la façon dont les gens se comportent ou devraient se comporter » (p. 9). Le discours D'EXPOSITION (budgets, articles scientifiques, etc.) est sans les deux traits.

En plus de ces deux traits principaux Longacre identifie deux autres traits : la projection et la tension. LA PROJECTION « concerne une situation ou une action qui est envisagée, recommandée ou anticipée, mais non réalisée ». La prophétie est avec projection narrative, les histoires sont sans projection narrative et ainsi de suite (p. 9). La TENSION « indique si le discours reflète ou non un conflit ou une polarisation ». Une narration peut être avec ou sans tension, tout comme celles des articles scientifiques (selon leur degré de polémique), etc. (p. 10). Au début de l'analyse du discours, il est recommandé de travailler sur des textes avec tension et deux ou trois actants.

La classification des grands genres de Longacre repose principalement sur le contenu. Pour définir des genres plus précis, il faut prendre en considération d'autres propriétés textuelles. Le théâtre, par exemple, serait une narration selon la classification en grands genres, mais qui est présentée sous forme de dialogue (chapitre 1) et habituellement écrite (chapitre 4) en vue d'une représentation sur scène. Les lettres sont des discours écrits et pourraient appartenir à différents genres. Les plaisanteries sont en général des narrations orales, faites dans un but particulier (l'humour) et exprimées selon un certain registre, et ainsi de suite.

2.2 L'enchâssement et l'intention communicative

Comme nous l'avons mentionné au chapitre 1, les discours peuvent être, et c'est souvent le cas, enchâssés dans d'autres discours. Un dialogue peut être enchâssé dans un monologue (très fréquent dans les romans), un récit peut être enchâssé dans un discours comportemental (une illustration dans un sermon, par exemple). Un discours peut ainsi contenir plusieurs niveaux d'enchâssement.

L'enchâssement complique la classification des textes. Doit-on dire que la fable est une sorte de récit qui se termine par une morale ou qu'il s'agit d'un discours comportemental dans lequel est enchâssé un récit (qui constitue la majeure partie du texte) ? On peut se poser la même question pour les paraboles suivies d'une application. Et qu'en est-il des paraboles dont l'application n'est pas explicite, mais implicite ? Certains analystes les classeront selon leur forme (comme des narrations), d'autres selon leur fonction (comme des textes comportementaux), et dans ce cas, le récit enchâssé représente la totalité du texte !

Les questions de classification textuelle, telles que celles ci-dessus, impliquent souvent l'intention du locuteur, les raisons qui ont conduit à produire ce discours. Comme nous l'avons vu, les genres eux-mêmes ont une raison d'être ou une fonction dans la culture. Certains genres ont une fonction bien précise : les brèves salutations pour maintenir un lien social à minima, les textes comportementaux pour influencer les attitudes et le comportement du destinataire. D'autres ont une fonction culturelle plus vague, comme les narrations en tant que grand genre. En plus de l'objectif fixé par la culture au genre, le locuteur a en général des objectifs personnels propres au contexte. On appelle l'ensemble des raisons qui sous-tendent un discours l'INTENTION COMMUNICATIVE du locuteur. « Les gens ne racontent pas des histoires pour rien, mais ils offrent quelque chose d'ordre relationnel qui fait d'une manière ou d'une autre quelque chose, que ce soit une description, une explication ou un rapport des 'circonstances actuelles' » (Spielman 1981 : 14). Il existe une diversité d'intentions communicatives et en général à plusieurs niveaux (Nuyts 1991 : 52). Quelqu'un peut raconter, par exemple, un récit pour divertir l'allocutaire, mais avec l'intention moins visible de consolider sa réputation de conteur et ainsi de suite. Le choix du genre est lui-même porteur d'une intention communicative : pourquoi mon chef m'a-t-il salué très rapidement ce matin alors qu'on aurait pu bavarder ? Au fond bien que l'intention se manifeste linguistiquement, elle n'est pas une question purement linguistique. C'est une question plus large, qui touche aux raisons qui se cachent derrières nos actions en général.

Ainsi un type de texte est un type d'action typiquement culturel, réalisé par des moyens linguistiques. L'intention communicative est liée aux raisons qui se cachent derrière l'action linguistique.

Concepts Clés :
genre
    traits principaux
        succession temporelle contingente
        orientation vers l'agent
    classification générale
        narratif
        procédural
        comportemental
        d'exposition
discours enchâssé
intention communicative

3

La manière de produire le discours : le style et le registre

Le style et le registre sont définis par les choix linguistiques des locuteurs. Le STYLE est déterminé par les préférences personnelles ou les habitudes langagières du locuteur, alors que le REGISTRE désigne la façon dont l'ensemble d'un groupe linguistique emploie d'ordinaire le langage suivant la situation (Eggins et Martin 1997 : 234).

3.1 Le style personnel

Lorsque deux personnes racontent la même histoire, il apparaît en général des différences. Même si ces deux locuteurs expriment le même contenu, ils le présentent différemment.

Lyons (1977[2] : 614) définit le terme de STYLE PERSONNEL par « les traits d'un texte [...] qui indiquent qu'il provient d'un certain auteur » [ou locuteur] et qui montrent le choix de ses expressions. Ainsi en littérature, on peut distinguer les styles de Rousseau et de Voltaire tout comme ceux de Yves et de Pierre, des assistants de langue, lors des études sur le terrain[1].

À cela s'ajoute une autre difficulté : chaque locuteur ne se cantonne pas à un seul style. D'une part, quelqu'un qui vient d'apprendre à écrire, qu'il soit dans une société nouvellement alphabétisée ou non, va voir son style évoluer au fil du temps, et donc changer de style ; d'autre part, un locuteur, pour des raisons diverses, peut essayer différents styles pour une même

---

[1] Sandig et Selting (1997) présentent un survol intéressant de l'étude des styles discursifs.

activité discursive. L'association d'un style avec un locuteur peut, cependant, être utile.

Cela ne veut pas dire qu'un locuteur parle de la même façon en toutes circonstances. Nous allons voir dans l'étude qui suit sur le registre, qu'on peut prévoir en fonction des circonstances la manière de s'exprimer qu'elles engendreront. Le style personnel peut se concevoir comme la façon dont un locuteur formule en général un certain type discursif dans des circonstances données.

Une différence toute simple et fréquente entre des styles personnels est l'usage des connecteurs (« de ce fait », « par conséquent », « ainsi », « après quoi », etc.), employés en début de phrase. Leur choix et leur fréquence varient selon plusieurs facteurs dont un est le genre et un autre, est le style personnel. Pour un même genre, il se peut que certains locuteurs les évitent en général, alors que d'autres en feront un très large usage. De même, un locuteur emploiera toujours une même série de connecteurs selon un certain ordre, alors qu'un autre en emploiera d'autres ou les emploiera dans un ordre différent. En cas d'analyse discursive d'un tout petit nombre de textes, on doit garder à l'esprit cette notion de style personnel, quand on tire des conclusions.

3.2 Le registre

Halliday (1978 : 31–32) emploie le terme de registre pour désigner « le fait que notre langue écrite ou orale varie selon le type de situation », c'est-à-dire, selon « le contexte social de l'usage de la langue ». Deux caractéristiques du registre sont particulièrement pertinentes : le type de transaction entre le locuteur et l'allocutaire (ce que Halliday appelle le CHAMP) et le lien interpersonnel existant entre eux (ce qu'il appelle la TENEUR)[2].

Observons le texte suivant, extrait d'une lettre commerciale :

---

[2] Sous le titre « registre », Halliday (1978 : 33) inclut un autre sous-titre : le nœud (canal, mode). Nous le traitons ailleurs, voir chapitre 4.

> (6) Laurent Favre
> Rue Saint-Martin 1125
> 1000 Lausanne
>
> Monsieur
> Jean-Pierre Dupont,
> Genève-Sports, S.A.R.L.,
> Rue du Rhône 5000
> 1204 Genève
>
> Lausanne, le 9 janvier 1986
>
> Monsieur :
>
> Un parent éloigné m'a offert pour Noël un « tensiomètre à domicile ». Il s'agit du modèle numéro 18956, fabriqué par Genève-Sports, S.A.R.L.
>
> Malheureusement, j'ai constaté que l'appareil n'a fonctionné qu'une seule fois.
>
> Je vous écris donc pour solliciter votre assistance.
>
> C'est pourquoi j'aimerais vous demander si je dois renvoyer l'appareil directement à votre entreprise ou s'il existe un service après-vente dans ma région où je peux l'envoyer pour le faire réparer ou remplacer ?
>
> Dans l'attente de vos nouvelles, je vous prie d'agréer, Monsieur, mes salutations les meilleures.
>
> Laurent Favre

Le fait que (6) soit une lettre implique un certain nombre d'éléments au niveau de la structure du texte (introduction, salutations, conclusion, signature). Outre ces éléments, on retrouve plusieurs caractéristiques en lien avec le registre. Tout d'abord, en ce qui concerne le champ, le fait qu'il s'agisse d'une lettre commerciale influence le choix du vocabulaire (*assistance* au lieu d'*aide*, par exemple) ainsi que des informations données (le numéro du modèle de l'appareil, mais pas sa forme). Deuxièmement, en ce qui concerne la teneur, l'auteur de la lettre se présente comme ne connaissant pas le destinataire ; cela se manifeste par des détails tels que la forme de l'adresse (Monsieur) et l'absence d'informations personnelles anodines (la météo de Genève, par exemple).

Très souvent, l'axe locuteur-allocutaire est relativement évident. L'opposition situations rituelles / situations quotidiennes (champ) et l'opposition situations de déférence / situations de domination (teneur) sont des différences de registres courantes mais frappantes.

3.3 Remarque sur le genre

Le registre est souvent prévisible en fonction du genre. Le registre d'une lettre commerciale, par exemple, est différent de celui d'un échange informel ou d'une plaisanterie. Il n'en est pas exactement de même pour le style individuel. En effet pour certains genres, il y a peu de liberté pour le style individuel. C'est le cas par exemple des lettres commerciales ou des ordres militaires, qui respectent des formes codifiées. Pour d'autres genres, de type « artistique » ou « littéraire », la démonstration d'une expression personnelle, et donc d'un style individuel, revêt une fonction majeure (Bakhtin 1986 : 63).

3.4 Remarque sur le dialecte

Le style et le registre étant des aspects du langage découlant d'un choix du locuteur, on les distingue traditionnellement du dialecte (Halliday 1978 : 33–35). Cependant, cette distinction n'est valable que si le locuteur n'exerce effectivement aucun choix quant au dialecte. Des études récentes sur l'alternance de codes linguistiques (dont l'alternance de dialectes) ont mis en lumière des situations très fréquentes où le locuteur peut choisir entre la langue ou le dialecte, et effectue ses choix de façon cohérente et réfléchie. « Si, par exemple, on emploie le dialecte standard dans des contextes formels et le dialecte local dans des contextes informels », le dialecte est alors une expression du registre (Halliday 1978 : 34 ; aussi Lyons 1977[2] : 617–618).

> **Concepts Clés :**
> style
> registre
> la façon dont ces concepts sont en lien avec le genre et le dialecte

4
Le canal de la production : oral ou écrit

Ce chapitre présente un récapitulatif des différences les plus fréquemment observées entre des textes oraux et écrits *du même genre*. Ces différences apparaissent lorsque l'on compare par exemple les versions orale et écrite d'un récit raconté par un conteur expérimenté ou lorsque l'on compare les versions orale et écrite d'un discours politique. Bartsch écrit (1997 : 45) : « Les différents genres se caractérisent par différents traits et il est inutile de comparer des oranges à des pommes ». Par conséquent, il serait trompeur de comparer un texte écrit d'un certain genre à un texte oral d'un autre genre (voir Chafe [1985b] une comparaison pour qui tombe dans ce piège, entre une conversation lors d'un dîner et un texte scientifique en prose).

L'article de Bartsch présente non seulement une comparaison de la version orale et écrite du même récit dans une langue algonquine d'Amérique du Nord, mais il comporte aussi une bibliographie utile des récentes publications sur les variations entre le discours oral et celui écrit.

4.1 La fréquence des répétitions

« Le langage oral emploie de nombreuses répétitions. Mais la répétition est moins bien tolérée par le lecteur à l'écrit » (Aaron 1998 : 3). La comparaison de Bartsch entre les formes orale et écrite d'un même récit en algonquin met en évidence qu'un même enseignement du récit est répété quatre ou cinq fois à l'oral alors qu'il n'est mentionné qu'une seule fois à l'écrit.

Il note également que si un discours rapporté comporte plus d'une phrase, le DISCOURS CITANT (par exemple : *dit-il*, parfois appelé « marqueur de citation », etc.) est souvent répétée dans la version orale, mais pas dans celle à l'écrit.

On trouve une forme spécifique de répétition fréquente dans des corpus oraux : la REPRISE VERBALE. Il s'agit de la répétition, dans une proposition subordonnée, au moins du verbe principal de la phrase précédente au début d'une nouvelle phrase comme dans : ... *il est arrivé à la maison.* **Alors qu'il arrivait à la maison,** *il a vu un serpent.* Johnston (1976 : 66) a découvert que ce processus de reprise verbale, considéré comme un « élément vital du discours narratif dans la plupart des langues de Papouasie-Nouvelle-Guinée », était supprimé dans les textes écrits par des locuteurs natifs.

Dans certaines langues, chaque phrase du discours oral est ponctuée d'ÉVIDENTIELS (ou « marqueurs de vérification » tels que des « témoin oculaire », « ouï-dire » ou « déduit ») qu'indiquent la source de la preuve avancée (Barnes 1984 et Palmer 1986), mais dans les textes écrits, une fois que la source de l'information a été indiqué, les évidentiels tendent à être utilisés avec parcimonie.

4.2 Les écarts par rapport à l'ordre normal

Les variations de l'ordre normal ou non-marqué des constituants au sein des propositions ou des phrases sont plus fréquentes à l'oral qu'à l'écrit. Ceci s'explique par le fait que les énoncés oraux s'accompagnent d'intonations qui unissent les constituants en grandes unités et de pauses qui permettent d'identifier les limites entre ces unités. De telles variations sont peut-être moins acceptables à l'écrit. Chafe (1985b : 115) observe, par exemple, qu'en anglais les double négations (*Never been to a wedding dance.* **Neither of us**)[1] tendent à n'être utilisé qu'à l'oral.

En inga (quechua), une langue de Colombie, le verbe se place normalement à la fin de la proposition. À l'oral, il est fréquemment suivi de constituants nominaux ou adverbiaux et les propositions principales sont souvent suivies de propositions subordonnées. Lorsque de tels textes étaient écrits, puis lus à haute voix, les locuteurs natifs de la langue terminaient invariablement leurs phrases par le verbe principal et commençaient une nouvelle phrase avec la suite, même si la ponctuation indiquait que cette phrase n'était pas finie.

4.3 L'organisation du texte

Le style écrit est plus concis, mieux organisé et permet l'introduction plus rapide de nouvelles informations que le style oral (Chafe 1992 : 268). Bartsch (1997 : 45) a relevé que les propositions de but sont beaucoup plus fréquentes

---

[1] « *Nous n'avons jamais été à une danse de mariage.* **Aucun de nous.** »

dans la version écrite du récit algonquin que dans sa version orale. En revanche, la version orale comportait « davantage d'intrusions du narrateur et d'explications supplémentaires qui n'appartenaient pas au fil de l'histoire ». Les groupes de phrases ont tendance à être plus longs à l'écrit qu'à l'oral. À l'oral, par exemple, les discours rapportés sont souvent structurés en paires de mouvement initial et mouvement de résolution (voir chapitre 1), alors que l'écrit s'organise en regroupements plus larges (Levinsohn 2000 : 218–219).

4.4 La précision

Les auteurs ayant plus de temps pour réfléchir au « mot juste » que les orateurs, le texte écrit se caractérise par un choix de mots beaucoup plus minutieux que le discours oral même le mieux préparé (Biber 1988 : 163). Le langage oral au contraire a souvent recours aux ATTÉNUATEURS (Lakoff 1972) tels que « une sorte de », « un genre de » : *il s'est mis à faire une sorte d'encerclement* (Chafe 1985b : 121).

Chafe (p. 114) remarque également que le lexique anglais comprend trois sortes d'éléments : le VOCABULAIRE FAMILIER à l'oral (ex. : *guy, stuff, scary* [litt. gars, truc, flippant]), le VOCABULAIRE LITTÉRAIRE à l'écrit (ex. : *display, heed* [litt. exposer, faire grand cas]) et le VOCABULAIRE NEUTRE (les équivalents neutres des termes familiers et littéraires cités plus hauts : *man, material, frightening, show, pay attention to* [litt. homme, chose, effrayant, montrer, faire attention à]).

4.5 Les signes paralinguistiques

« À l'oral, l'expression de la deixis, du respect, des relations entre les propositions et une foule d'autres catégories dépend fortement de la prosodie (le ton, les pauses, le tempo, la qualité de la voix, etc.) et du langage corporel » (Aaron 1998 : 3). À l'écrit, ce sont la ponctuation et la description qui produisent ces effets, mais généralement de manière moins précise.

Certaines déictiques, comme la locution adjectivale indéfini *ce* (Je me suis réveillé avec *un de ces* maux de tête), peuvent ne s'employer qu'à l'oral (Chafe 1985b : 115).

4.6 Applications pratiques

Les différences entre le langage écrit et le langage oral font l'objet d'applications à de nombreux types d'activités linguistiques concrètes. Nous notons par exemple dans l'enseignement d'une langue (y compris le français langue seconde [F.L.S.]) que l'ensemble des compétences nécessaires aux lecteurs débutants ne recouvre que partiellement celles dont ont besoin les locuteurs débutants. Concernant l'alphabétisation en langue vernaculaire,

Nida (1967 : 156) relève que « Dans les langues qui ne sont écrites que depuis peu, c'est-à-dire, seulement depuis vingt ou trente ans [ou deux ou trois ans], des différences stylistiques significatives apparaissent rapidement entre l'oral et l'écrit. Le style oral de bons locuteurs [...] ne peut donc être le critère d'un bon style écrit [...] ». Ceci a de nombreuses répercussions sur tout type d'écrit, y compris les traductions (qui, selon Bartsch peuvent combiner des traits propres aux discours oraux à ceux de textes écrits).

Il apparaît néanmoins de plus en plus que la dichotomie entre l'oral et l'écrit est probablement un amalgame de différents paramètres qui peuvent être démêlés (Biber 1988). Il est donc nécessaire, sur le terrain, de collecter autant de types de textes que possible et de les qualifier, non seulement de textes « oraux » ou « écrits », mais avec les circonstances précises de leur production.[2]

> **Concepts Clés :**
> répétition
> > discours citant
> > reprise verbale
> > evidentiels
>
> écarts par rapport à l'ordre non-marqué
> organisation du texte
> > explications
>
> précision
> > atténuateur
> > vocabulaire familier
> > vocabulaire littéraire
> > vocabulaire neutre
>
> signes paralinguistiques

---

[2] Pour d'autres articles sur les caractéristiques des modes oraux ou écrits du langage, voir Frank (1983).

Chapitres 5–15
Traits communs des discours

5

La cohérence

De mon point de vue, en physique, on fait des découvertes sans jamais vraiment les comprendre. On apprend à les manipuler mais sans les comprendre réellement. « Comprendre » signifierait les mettre en lien avec autre chose – quelque chose de plus profond [...]. —
I. I. Rabi, physicien, The New Yorker, 20 octobre, 1975 : 96

Dans les chapitres 1 à 4, nous avons parlé des différents types de textes ou de la façon dont les discours diffèrent. Nous allons maintenant nous intéresser aux éléments communs à tous les types de discours.

Les allocutaires associent à un discours une organisation qui ne se réduit pas simplement à la structure linguistique qui apparaît, mais, est au fond, une réflexion sur la façon dont les éléments du contenu se combinent les uns aux autres dans leur esprit et y sont conservés. Certes, les formes langagières employées jouent un rôle dans ce processus, mais des recherches en psychologie montrent que la façon dont l'allocutaire comprend, stocke et retient un discours ne correspond que partiellement à ce qui été effectivement dit[1]. Sa connaissance antérieure de la façon dont les choses se passent dans la réalité et ses attentes quant à ce que le locuteur à l'intention de dire entre également en jeu dans la REPRÉSENTATION MENTALE qu'il se fait d'un discours. Il est évident que cette connaissance et ces attentes préalables dépendent fortement de son vécu dans sa culture. L'allocutaire comprend peut-être un discours autant par ce qu'il y apporte que par ce que le locuteur réellement dit ; « les discours [...] nous forcent à faire appel à tout

---

[1] Voir, par exemple, Paivio et Begg (1981 : 194) : « les recherches montrent que nous nous souvenons mieux du fond de ce qui a été dit que de la forme » et les références qu'ils donnent.

ce que nous savons de notre culture, de notre langue et de notre monde » (Everett 1992 : 19).

Pour comprendre les représentations mentales, nous devons connaître non seulement le contenu du discours, la culture et les attentes, mais également certains processus cognitifs humains tels que la perception, l'emmagasinage des informations et leur accès. Bien que ces processus ne soient pas directement observables, ils apparaissent dans l'organisation du discours et la façon dont elle est indiquée[2]. Dans ce texte, les représentations mentales et les notions psychologiques qui s'y rapportent seront un thème majeur intégré à notre étude. Nous attendons en retour qu'elles nous aident à expliquer les données langagières trouvées.

Pour commencer, nous allons étudier ce que signifie pour un discours d'être cohérent.

5.1 La cohérence

« Qu'est-ce que c'est qu'un discours ? Qu'est-ce qui font d'une suite de phrases un ensemble cohérent et non un assemblage décousu ? » demande Johnson-Laird (1983 : 356). Il donne ensuite deux exemples :

(7) La fête de Noël à Heighton était un des tournants dans la vie de Perkins. La duchesse lui avait envoyé un télégramme de trois pages dans le style hyperbolique correspondant à sa classe sociale, laissant entendre qu'elle-même et le duc prévoyaient de se suicider si Perkins ne « laissait pas tomber » tout autre engagement qu'il aurait pris. Perkins avait alors senti (car à cette période il était incapable de réflexion) qu'il valait aussi bien être à Heighton qu'ailleurs [...]

(8) Les aboiements de la meute de chiens et les cris des poulets résonnaient sous moi alors que je parcourais rapidement des yeux les empreintes qui se dirigeaient vers le trou. Ce petit-déjeuner allait être mouvementé. Je me dis que je ferais bien de manger un repas complet face à la tâche qui m'attendait et aux difficultés que je risquais de rencontrer. Mais c'est seulement après m'être préparé un steak et ce morceau de requin que tous avaient ignorés que je me suis aperçu que je ne pouvais que picorer ces mets ayant

---

[2] Voir Johnson-Laird (1983, ch. 14) et Paivio et Begg (1981, ch. 4), ainsi que ce que Chafe (1991 : 356) dit : « Le discours ne peut pas se comprendre indépendamment des facteurs psychologiques et sociaux qui s'y rapportent ». On trouve une vue d'ensemble des études sur la cognition dans le discours dans Graesser et al. (1997). Malheureusement il n'y a pas de consensus sur la « ‹ forme › ou le format basique d'une représentation conceptuelle : les théories vont [...] des systèmes propositionnels ou de type propositionnel (sans aucun doute la conception la plus fréquente) à des systèmes reposant sur l'image en passant par des systèmes mixtes combinant ceux basés sur des représentations de type propositionnels et celle de type pictural et des systèmes abstraits [...] » (Pederson et Nuyts 1997 : 2).

déjà, cela me revenait à présent, pris mon petit-déjeuner, déjeuné et dîné à satiété. Plutôt que de jeter ces aliments, je téléphonai à mon mari pour lui demander d'inviter des collègues dîner à la maison.

Si vous êtes un analyste ordinaire de discours typique vous avez compris que (7) traite d'un ensemble cohérent de concepts même s'il ne s'agit que d'un extrait et que vous n'avez jamais vécu ce qu'il décrit (Johnson-Laird tire ce passage de *Perkins and Mankind*, de Max Beerbohm). Votre représentation mentale de (7) pourrait comporter des éléments tels que :

(9) a. un lieu du nom de Heighton (que vous ne connaissez probablement pas)
 b. une fête de Noël (et toute vos attentes par rapport à ce que cela implique)
 c. un homme (plutôt un adulte) du nom de Perkins
 d. une duchesse (et vos représentations de la noblesse) qui connaît Perkins et
 e. une invitation pour Perkins de la part de la duchesse à se joindre à cette fête, etc.

L'élaboration d'une représentation mentale qui comporte de tels éléments vous permet certainement d'admettre que (7) est un (extrait de) texte cohérent.

Au début, êtes-vous êtes peut-être parti du principe que vous pourriez également élaborer une représentation mentale de (8). Cependant, à mesure que vous essayiez dans suivre le fil, vous avez certainement éprouvé des difficultés à maintenir votre première idée du sujet du texte : sous quelle sorte de maison peut-il y avoir « des aboiements de meutes de chiens et des cris de poulets ? » De quel repas s'agit-il ? Est-ce vraiment le petit-déjeuner ou un autre repas de la journée ? ; etc. Au bout d'un moment, vous avez probablement cessé d'élaborer avec certitude une représentation mentale de (8). À cet instant, (8) a cessé d'être cohérent pour vous[3].

On dit qu'un texte est COHÉRENT si un allocutaire donné, dans une situation d'écoute ou de lecture, est capable d'intégrer les différents éléments du texte au sein d'une seule et unique représentation mentale[4]. Quand un texte n'est pas cohérent, l'allocutaire dit au fond : « Je n'arrive pas à construire une représentation mentale de ce texte à ce stade ».

---

[3] (8) n'a jamais été fait pour être cohérent, du moins au niveau global. Chaque phrase a été écrite par quelqu'un qui n'avait connaissance que de la phrase précédente.

[4] Voir Johnson-Laird (1983 : 370) : « une condition nécessaire et suffisante pour qu'un discours soit cohérent, et non une suite aléatoire de phrases, est la possibilité d'élaborer à partir de ce discours un seul modèle mental ». Johnson-Laird emploie le terme de « modèle mental » dans un sens très précis. C'est un terme scientifique de sa théorie. Dans ce manuel, le terme de représentation mentale, qui doit beaucoup à Johnson-Laird et à d'autres, n'est pas employé dans un sens scientifique, mais signifie en gros « cadre conceptuel ». On examinera la structure des représentations mentales au chapitre 9.

On parle souvent de la cohérence comme si c'était une propriété d'un texte ; il s'agit plus précisément de ce qu'un allocutaire donné est capable de faire d'un texte à un moment donné. Un même texte peut être cohérent pour certains allocutaires, mais non pour d'autres, comme cela arrive souvent quand les cultures ou les arrière-plans sont différents. De même, pour un même allocutaire, un texte peut ne pas être cohérent à un moment donné, mais le devenir plus tard ou encore être d'abord cohérent puis ne plus l'être suite à l'ajout d'autres informations. Ceci dit, il nous arrivera de parler de la cohérence comme d'une propriété d'un texte, mais en sachant qu'il s'agit d'une notion dérivée, d'une prédiction que les tentatives usuelles pour trouver une interprétation cohérente de ce texte réussiront.

Les textes sont présupposés être cohérents, c'est-à-dire que si un locuteur présente quelque chose en tant que texte, l'allocutaire est en droit de penser que ce texte donnera lieu à une interprétation cohérente et dirigera ses efforts en conséquence (Brown et Yule 1983 : 199 ; Halliday et Hasan 1976 : 54)[5]. Si vous avez traité (7) comme étant cohérent et que vous avez cherché à traiter (8) de la même façon, vous avez agi en partant de cette présomption qui est le fondement de toute communication réussie.

La représentation mentale d'un texte ne vient en général pas tout faite à l'esprit de l'allocutaire. Elle se forme par essais et erreurs au cours d'étapes successives. Au début, l'allocutaire avance une représentation provisoire[6]. Il la modifie et l'amplifie ensuite, le renouvelant au fur et à mesure du déroulement du discours, de façon à ce que chaque information soit arrangée de manière plausible.

5.2 Contexte et contextualisation

Nous avons déjà fait référence à la notion de contexte. Le CONTEXTE d'un texte est la situation dans laquelle il se trouve, dans laquelle on la considère comme une partie d'un ensemble. Comme pour notre propos, le seul type de contexte qui importe est celui dont on a conscience, celui qu'on peut penser en termes de représentations mentales : c'est-à-dire la partie de la représentation mentale que l'on se fait et qui est associée ou qui entoure le concept en question.

---

[5] Au niveau des énoncés, Sperber et Wilson parlent de « présomption de pertinence » (1986 : 156ss). En grammaire, les constructions sont vraisemblablement traitées en partant du principe qu'elles sont grammaticalement analysables. Ce sont probablement des cas particuliers reflétant la présomption plus générale de « traitable », laquelle serait valable pour tout acte véritable de communication, quel que soit sa longueur.

[6] Il arrive que le locuteur guide de façon systématique l'allocutaire dans ce processus, en lui fournissant dans l'ordre, des données de temps, de lieu, des protagonistes, d'accessoires [...] Cela peut donner lieu à des introductions stéréotypées : « Il était une fois, X qui vivait dans Y ... ». Dans d'autres textes, le locuteur plonge l'allocutaire au beau milieu de l'histoire et l'allocutaire est poussé à continuer par ses efforts pour s'en construire une bonne représentation mentale.

Fillmore (1981) emploie le terme de CONTEXTUALISATION pour désigner les essais progressifs de l'allocutaire à se faire une représentation mentale viable d'un texte. Un texte donné et un allocutaire donné donnent lieu, souvent simultanément, à deux types de contextualisation : une CONTEXTUALISATION INTERNE et une CONTEXTUALISATION EXTERNE.

Lors de la CONTEXTUALISATION INTERNE, l'allocutaire tente de se construire une représentation mentale du contenu même du texte. Dans ce manuel nous suivrons l'habitude d'appeler la représentation interne du texte de l'allocutaire son UNIVERS DU DISCOURS[7]. Lors de la CONTEXTUALISATION EXTERNE, l'allocutaire tente de comprendre ce que le locuteur essaie de faire en produisant son discours (c.-à-d., les intentions de communication du locuteur, voir section 2.2). Il s'agit du contexte du monde réel où est émis le discours, une représentation mentale au sein de laquelle se trouve l'univers du discours et qui inclut par conséquent le locuteur et les allocutaires, ainsi que toutes les circonstances pertinentes pour l'objet du discours.

Lors de notre analyse de (7) et (8), nous avons mis l'accent sur la contextualisation interne, à savoir si ce qui était décrit avait du sens. Le (9) est une contextualisation interne partielle (univers du discours) du texte (7). En ce qui concerne le (8), vous n'avez certainement trouvé aucun univers du discours qui permette de combiner toutes les informations de façon évidente. En traitant ces deux exemples, vous avez essayé non seulement de déterminer une contextualisation interne, mais en plus vous avez très certainement essayé de déterminer la contextualisation externe de chacun d'eux. Vous avez probablement compris que (7) vous était donné comme exemple d'un texte cohérent et vous êtes au départ parti du principe (ou non !) qu'il en était de même pour (8). Cependant, face à l'impossibilité de trouver une contextualisation interne pour (8) (lorsqu'il est devenu difficile, voire impossible, d'en trouver un univers du discours), vous en êtes sans doute arrivé à la contextualisation externe de ce texte, laquelle disait que (8) était donné comme exemple d'incohérence. Dans ce cas, (8) comportait pour vous alors une contextualisation externe valable même s'il était dépourvu de contextualisation interne. En fait, votre difficulté à déterminer une contextualisation interne vous a conduit à la contextualisation externe !

---

[7] Voir De Beaugrande et Dressler (1981). Dijk (1977) utilise le terme de « macrostructure ».

Concepts Clés :
représentation mentale
contexte
cohérence
  contextualisation interne
    univers du discours
  contextualisation externe

6
La cohésion

Au chapitre 5, nous avons vu que la cohérence d'un texte consiste au fond à déterminer si l'allocutaire parvient à le faire « se tenir » du point de vue conceptuel. C'est à dire, s'il arrive à l'interpréter au moyen d'une seule représentation mentale. Le fait que la cohérence soit un phénomène conceptuel signifie-t-il que les signes linguistiques du texte ne la concernent pas ? Absolument pas. Au contraire, le locuteur parsèmera son discours de signes linguistiques qui serviront d'indices permettant aux allocutaires de parvenir à sa représentation mentale adéquate.

On appelle ce phénomène la COHÉSION. Celle-ci peut se définir en bref comme l'emploi de moyens linguistiques pour indiquer la cohérence (Grimes 1975 : 112ss ; De Beaugrande et Dressler 1981 : 3 ; Brown et Yule 1983 : 191ss). Les signes de cohésion indiquent les relations que la partie du texte dans laquelle ils apparaissent entretient avec le reste. On les appelle communément les LIENS COHÉSIFS.

Dans ce chapitre, nous allons voir plusieurs types de liens cohésifs et les illustrer. Bien évidemment, chaque langue a sa propre variété d'éléments qui servent à la cohésion, mais certaines grandes catégories d'entre eux se retrouvent dans de multiples langues. La liste suivante (10) est tirée largement d'une célèbre étude de la cohésion de Halliday et Hasan (1976) et a été complétée par Brown et Yule (1983, section 6.1).

(10) Principaux types de cohésion
Expressions descriptives faisant référence à des entités mentionnées précédemment (section 6.1)
Identité (section 6.2)
   répétition (totale ou partielle)
   substitution lexicale
   pronoms
   autres pro-formes
   substitution
   ellipse
Relations lexicales (section 6.3)
   hyponymie (types d')
   métonymie (partie d'un tout)
   collocation
Schèmes morphosyntaxiques (section 6.4)
   cohérence des catégories flexionnelles (temps, aspect etc.)
   énoncés échoïques
   structuration pragmatique du discours
Marqueurs de relation entre les propositions (section 6.5)
Schèmes intonatifs (section 6.6)

Ces différents types de cohésion sont illustrés un par un dans la suite du chapitre. La plupart des exemples suivants proviennent de Brown et Yule (1983).

6.1 Les expressions descriptives faisant allusion à des entités mentionnées précédemment

La forme de cohésion la plus évidente est peut-être celle qui consiste à utiliser des EXPRESSIONS DESCRIPTIVES telles que : *le lendemain, dans la pièce d'à côté, le frère de la fille,* etc. Ces expressions font allusion à des entités mentionnées précédemment dans le texte ou du moins à des entités que le locuteur suppose déjà en place dans la représentation mentale de l'allocutaire[1]. Si l'on reprend les expressions que nous venons de citer, les entités mentionnées précédemment pourraient être : la veille, une certaine pièce, la fille, etc. La cohésion réside dans le lien explicite entre la nouvelle entité et la précédente, ce qui contribue à la cohérence du texte.

Certains des types de cohésion suivants recoupent celui que nous venons de mentionner.

---

[1] Le terme d'*entité* est développé dans la section 9.3.

6.2 L'identité

Les liens cohésifs que l'on regroupe sous le terme général d'IDENTITÉ relient à des formes identiques, à des significations identiques, à des références ou des dénotations identiques.

Avec la RÉPÉTITION, toute une expression (comme dans [11]) ou au moins une partie reconnaissable de celle-ci (comme dans [12]) est répétée :

(11) **Le Premier ministre** a enregistré ses remerciements au ministre des affaires étrangères. **Le Premier ministre** a été très éloquent.

(12) **E. C. R. Reeve** a présidé la rencontre. **M. Reeve** a invité M. Phillips à rendre compte de l'état des jardins.

Avec la SUBSTITUTION LEXICALE, la forme concernée diffère, mais le référent ou la dénotation reste identique :

(13) **La fille de Rachel** est de nouveau malade. **Cette enfant** n'est pratiquement jamais en bonne santé.

Une expression comme *cette enfant* parviendra à désigner *la fille de Rachel* si, à ce stade, la partie accessible de la représentation mentale de l'allocutaire ne comporte qu'une entité à laquelle cette expression correspond (en tenant également compte de ce qui est dit au sujet de l'enfant). Cette remarque vaut pour toute expression référentielle définie (voir section 10.2).

Les PRONOMS tiennent également compte de l'identité de la référence (c.-à-d., de la coréférence) mais, généralement, sans conserver l'identité de la forme.

(14) **Rachel** a dit qu'**elle** devrait emmener Sophie chez le médecin.

Outre les pronoms, il existe d'autres types de SUBTITUTS. Les verbes de substitution, tels que *faire ... cela*, en sont un (Halliday et Hasan 1976 : 126) :

(15) J'ai dit à quelqu'un de **nourrir le chat**. Cela a-t-il été **fait** ?

Halliday et Hasan (p. 88) emploient le terme de SUBSTITUTION dans les cas d'identité dénotative partielle lorsque deux choses sont de même nature, mais en sont deux exemples différents :

(16) Jules a **un pantalon noir**. Pierre a **le même**.

L'ELLIPSE désigne soit une coréférence matérialisée par zéro soit une « substitution par zéro » (Halliday et Hasan p. 143)[2]. L'ellipse coréférentielle est représentée par ø dans l'exemple (17) :

---

[2] Plus précisément, selon Halliday et Hasan (p. 44), « on parle d'ellipse lorsqu'un élément structurellement nécessaire n'est pas exprimé ». Ce qui est élidé doit, dans un sens, être donné par le contenu informationnel de façon à être retrouvable et ne peut généralement pas être l'élément principal (le focus) de l'énoncé. Pour ces notions, voir les chapitres 10 et 11.

(17) **Jules** a son anniversaire le mois prochain et ø prépare une grande fête.

L'ellipse de substitution est illustrée par l'exemple (18) :

(18) Jean est **un bizuth**. Moi aussi ø.

6.3 Les relations lexicales

De nombreuses paires d'éléments lexicaux ne sont pas reliées par des liens d'identité, mais par d'autres. En voici trois exemples.

L'HYPONYMIE désigne une chose qui est une catégorie d'une autre. Les jonquilles par exemple sont une catégorie de fleurs. Ainsi *jonquille* est un hyponyme de *fleur* :

(19) J'ai toujours aimé **les fleurs**. Mes préférées sont **les jonquilles**.

Une autre relation importante est la RELATION PARTIE-TOUT :

(20) **Le corps humain** est un mécanisme complexe. **Le bras** par exemple peut être utilisé pour différents types de mouvements.

La COLLOCATION est « la cooccurrence régulière de formes lexicales distinctes » (Crystal 1997 : 69) en raison de leur appartenance au même champ lexical :

(21) **Le lundi** n'est pas mon jour préféré. **Le mardi** n'est qu'un peu mieux.

6.4 Les schèmes morphosyntaxiques

Les schèmes morphosyntaxiques offrent aussi de nombreuses occasions de cohésion. En voici ici trois types.

Premièrement, une suite de propositions et de phrases peut manifester UNE COHÉRENCE OU UNE IDENTITÉ DES CATÉGORIES FLEXIONNELLES (les marqueurs de temps, par exemple, comme dans l'exemple [22]) :

(22) Le skieur **atterrit** de biais sur la pente. Le ski droit **claqua** juste devant la chaussure.

Le fait que les deux verbes de (22) soient au passé simple indique que ce sont deux actions de la même séquence narrative.

Deuxièmement, un autre type de répétition morphosyntaxique, partielle ou totale, se trouve dans les ÉNONCÉS ÉCHOÏQUES. Un énoncé échoïque reprend entièrement ou partiellement un énoncé précédent et cette répétition est visiblement voulue de la part du locuteur. Un énoncé échoïque ramène l'attention sur l'énoncé précédent en vue de le commenter implicitement. (23) est tiré de Sperber et Wilson (1986 : 237-243) :

(23) Locuteur A : **C'est une belle journée pour un pique-nique.**
Locuteur B : C'est vrai, c'est une belle journée pour un pique-nique.

En (23), l'énoncé du locuteur B est échoïque et peut s'interpréter soit comme une réponse ironique à l'énoncé précédent (si le temps est pluvieux ce jour-là), soit comme l'approbation de ce qui vient d'être dit (si le temps est ensoleillé), etc. Quelle que soit l'interprétation de l'énoncé échoïque (selon les indices contextuels), il fait référence à l'énoncé précédent, établissant ainsi un lien cohésif.

Troisièmement, la cohésion en morphosyntaxe comprend ce que nous décrirons au chapitre 11 comme la STRUCTURATION PRAGMATIQUE. Parmi les schèmes de ce type, nous n'en illustrerons ici qu'un : POINT DE DÉPART + PRÉDICAT, comme l'illustre l'exemple (24), traduit du début d'un texte en guaraní mbyá brésilien :

(24) a. **Il y a longtemps**, il y avait deux maisons.
b. **Dans l'une d'elles** vivait un jeune marié.
c. **Dans l'autre** vivait son beau-père.

Les points de départ, en gras dans les énoncés a, b et c de (24), servent à relier le prédicat qui suit à ce que l'allocutaire est supposé avoir déjà dans sa représentation mentale. L'expression *il y a longtemps* (24a) fait par exemple référence à un cadre temporel ancré dans le présent.

6.5 Les marqueurs de relations entre propositions

Il existe un principe général qui s'applique au langage humain, la Loi de Behaghel, qui stipule que « les éléments qui s'assemblent conceptuellement sont regroupés syntaxiquement » (MacWhinney 1991 : 276). Une des applications de cette loi est que lorsque deux phrases ou propositions d'une même phrase sont adjacentes, si les autres éléments sont égaux, alors leurs propositions doivent s'interpréter comme ayant une étroite relation conceptuelle. Parmi les éléments qui ne seraient pas égaux, il y a une rupture explicite d'une sorte ou d'une autre entre les deux. Par conséquent, même si la juxtaposition en elle-même n'indique pas de relation conceptuelle spécifique, elle suggère la cohésion.

Il arrive qu'on désigne les relations conceptuelles (sémantiques) entre propositions, comme étant des RELATIONS DE COHÉRENCE. Celles-ci sont parfois rendues explicites au moyen de connecteurs ou autres marqueurs linguistiques. C'est le cas dans l'exemple (25), tiré d'une documentation sur un logiciel :

(25) Lors de la première utilisation, vous garderez ouvert la rubrique « Aide » pendant que vous travaillerez sur votre document. Ainsi, vous pourrez **par exemple** lire la procédure à suivre pour créer une

nouvelle entrée dans le lexique tout en en créant une dans votre document.

En (25), l'expression *par exemple* n'est peut-être pas absolument nécessaire pour que l'allocutaire ou le lecteur parvienne à une interprétation cohérente qui relie les deux phrases, mais elle rend l'interprétation attendue plus facile et plus sûre (voir chapitre 13).

6.6 Les schèmes intonatifs

Bien qu'une étude de l'intonation dans le discours dépasse les limites de ce manuel, il ne faut pas sous-estimer son importance comme moyen de cohésion. Souvent, rien qu'à l'intonation, on peut dire quand le locuteur arrive à la fin de son discours. Cela implique la cohésion, l'énoncé concerné étant replacé dans le schème du discours (c.-à-d., vers la fin). À une moindre échelle, les parenthèses sont souvent indiquées par une intonation plus grave (Cruttenden 1986 : 129, de qui est tiré l'exemple suivant) :

(26) Ben j'ai vu Thomas l'autre jour // **soit dit en passant** / **il vient de se remarier** // et il m'a dit ...

La parenthèse, par définition, entretient une certaine relation avec ce qui l'entoure, d'où tout ce qui la signale est un élément de cohésion.

6.7 L'importance de la cohésion

La cohérence étant une question d'unité conceptuelle et la cohésion une question de forme linguistique, il est en principe possible d'avoir la cohérence sans la cohésion. Brown et Yule (1983 : 196) déclarent qu'il est « facile de trouver des textes, au sens d'ensemble de phrases contiguës que l'on interprète aisément, qui comportent peu, voire aucun marqueur explicite de relations cohésives ». Ils donnent en exemple le texte (27), extrait d'un courrier d'un agent littéraire :

(27) Juste pour prendre la température, j'ai passé hier un coup de fil à un important éditeur britannique qui a des bureaux à New York. Il a été tout de suite intéressé par *Clear Speech*.

Brown et Yule font ici font appel à une notion de texte (« phrases contiguës ») plutôt étrange. (27) est une suite de phrases contiguës mais non un texte complet au sens ordinaire du mot. C'est important : un contexte plus complet pourrait bien révéler des liens cohésifs qui relieraient (27) au reste du texte. On peut néanmoins leur concéder que, la cohésion n'est pas sur le plan logique nécessaire à la cohérence.

La cohérence est-elle une conséquence inévitable de la cohésion ? À cette question Brown et Yule (p. 197) répondent également par la négative en

6.7 L'importance de la cohésion

citant un exemple similaire au texte (8) du chapitre 5. Dans (8), les phrases successives ont été composées par différentes personnes, conscientes de participer à l'élaboration d'un texte, mais qui n'avaient accès qu'à la phrase précédente. De ce fait, on observe des liens cohésifs entre les phrases contiguës (étonnamment d'ailleurs, l'idée d'un repas à venir est préservée tout au long du texte). Cependant, (8) n'est pas cohérent, sauf peut-être en faisant de gros efforts d'imagination et ce serait d'une manière bizarre. La cohésion n'est donc, à proprement parler, ni nécessaire, ni suffisante pour créer la cohérence.

Ceci dit, la cohésion est omniprésente dans le discours, ce qui donne à penser qu'elle est porteuse d'une lourde charge communicative. Elle a la même importance pour la cohérence que l'importance de ce que l'on dit pour ce que l'on veut dire. La cohésion représente ainsi des « données solides » pour diriger l'allocutaire vers une représentation mentale adéquate. La cohésion étant précieuse pour l'allocutaire, il est également utile pour le locuteur de savoir comment procurer les bons types de cohésion.

De même, la cohésion est importante pour celui qui analyse les textes. Quand on analyse un discours, surtout sans les intuitions qu'un locuteur natif a de sa langue et de sa culture, sur quels critères évaluer la cohérence d'un texte ? Sur quoi s'appuyer se construire une représentation mentale du discours, que celle-ci soit externe ou interne ? Même si la cohésion n'est pas la seule réponse (les locuteurs natifs de la langue et l'étude de la culture peuvent aider), elle donne assurément des indicateurs importants.

Si la structure des textes était simplement linéaire, avec des phrases qui se suivent comme les wagons d'un train, chacune étant simplement reliée aux phrases adjacentes, rien ne permettrait de considérer que l'exemple (8) n'est pas un bon texte. Mais le fait qu'il soit mauvais montre que la structure d'un texte comporte une dimension hiérarchique (Tomlin et al. 1997 : 90). C'est ce que nous allons voir au prochain chapitre.

Concepts Clés :
cohésion
expressions descriptives faisant allusions à des entités
      mentionnées précédemment
identité
   substitution lexicale
   répétition
   pronoms
   substitution
   ellipse
relations lexicales
   hyponymie
   métonymie (partie d'un tout)
   collocation
schèmes morphosyntaxiques
   cohérence des catégories flexionnelles
   énoncés échoïques
   structuration pragmatique
marqueurs de relations entre propositions
schèmes intonatifs

7

Les regroupements thématiques et les discontinuités thématiques

7.1 Les regroupements thématiques

Nous avons jusqu'ici très peu étudié ce qu'on pourrait appeler la structure du discours. Nous avons examiné :

- Les types de textes (chapitres 1 à 4)
- Les représentations mentales, bases de la cohérence (chapitre 5)
- Les liens cohésifs, marqueurs linguistiques de la cohérence (chapitre 6)

Cependant, exception faite des tours de parole (section 1.3), nous n'avons jusqu'ici pas évoqué la structure du discours en elle-même.

Nous n'allons pas inventer de structure là où il n'y en a pas, mais les textes, pour la plupart, comportent néanmoins des signes de leur structure sous-jacente. Même sans rechercher d'indices purement linguistiques, on observe que « dans la plupart des récits [oraux], il y a des moments où le locuteur fait des pauses plus longues que d'habitude, là où il risque d'y avoir davantage de maladresses et de diffluences et là où l'interlocuteur risque le plus de contribuer par une remarque ou une manifestation d'encouragement » (Chafe 1987 : 42-43). Dans le récit écrit, on trouve souvent d'autres phénomènes de démarcation, tels que les alinéas en début de paragraphes et de chapitres. Dans les pièces de théâtre, nous trouvons des scènes et des actes.

Grâce à cela, le locuteur, consciemment ou non, regroupe les phrases en unités textuelles que nous appelons REGROUPEMENTS THÉMATIQUES. Les paragraphes et les autres marqueurs de ce type constituent les preuves à première vue qu'il y a une sorte de regroupements[1]. De plus, l'existence de regroupements de différentes « tailles » (chapitres composés de paragraphes, actes découpées en scènes, par exemple) donne à penser que dans des textes longs ou complexes, les regroupements thématiques peuvent s'enchâsser les uns dans les autres selon un ordre hiérarchique.

Pourquoi cela ? Pourquoi les textes ne seraient-ils pas des suites uniformes de phrases ? Les principes cognitifs apportent des éléments de réponse. Les humains ont l'habitude de traiter de grandes quantités d'informations en SEGMENTS, un peu comme ils mangent leurs repas en bouchées. Cela les aide à traiter des sujets complexes : « Un segment fonctionne dans notre mémoire comme une unité, de façon à ce que nous puissions retenir un nombre relativement constant de segments, quel que soit le nombre d'unité de rang inférieur utilisés pour leur construction » (Paivio et Begg 1981 : 176). Un long discours contient effectivement de nombreuses informations où le locuteur segmente son contenu en parties traitables séparément. Le regroupement thématique de phrases reflète alors la segmentation[2].

7.2 Pourquoi segmenter ici ?

> Si la segmentation de texte ne se résumait qu'à cela, l'endroit où le découpage se fait n'aurait pas d'importance du moment que les segments sont « assimilables ». Il s'avère cependant que la segmentation est aussi sensible au contenu qu'à sa taille. « Quand on observe le contenu du récit à ces moments-là [pauses, diffluences, etc. dans le récit oral], on constate très souvent un changement significatif de lieu, de temps, de configuration des personnages, de la structure de l'action, etc. » (Chafe 1987 : 43)

Cela s'explique si l'on considère la représentation mentale (d'un récit, par exemple) comme étant organisée en sections, chacune étant associée à certains lieux, moments, participants, actions et éventuellement à d'autres catégories.

---

[1] Tous les types de paragraphes ne reflètent pas des regroupements dus à des raisons d'ordre conceptuel. Certains sont purement conventionnels, comme le changement de paragraphe lorsque le lorsque par exemple, on change de locuteur. Un même élément (l'alinéa) peut avoir de multiples usages. On retrouve cela avec d'autres éléments typographiques (points, guillemets, etc.).

[2] La distinction entre l'organisation d'ordre conceptuel et celle d'ordre linguistique, vue au chapitre 6 au sujet de la dichotomie cohérence-cohésion, est fréquente en analyse du discours. Voir la distinction entre l'organisation d'ordre référentiel et celle d'ordre grammatical chez Pike et Pike (1982), distinction entre la structure d'ordre notionnel et celle d'ordre de surface chez Longacre (1996) et la distinction entre organisation du contenu et relations de cohésion chez Grimes (1975).

Cela signifie que même si la représentation mentale d'un texte cohérent est (par définition) une structure connectée globale, ses composantes entretiennent entre elles des liens encore plus étroits. De plus, si nous pouvions d'une façon ou d'une autre nous introduire dans une représentation mentale pour regarder ce qui s'y passe, nous pourrions observer des discontinuités entre les principales sections.

La segmentation est donc nécessaire pour gérer de grandes quantités d'informations et les discontinuités du contenu donnent d'excellentes occasions d'effectuer ce découpage. Observons maintenant de plus près la continuité et la discontinuité dans le récit.

7.3 Les dimensions de la continuité thématique dans le récit

Givón (1984 : 245) appelle CONTINUITÉ THÉMATIQUE, ce qui se tient dans un texte ou à une partie d'un texte, et DISCONTINUITÉ THÉMATIQUE les « changements significatifs » relevés par Chafe. Le tableau (28) présente les quatre dimensions thématiques communément identifiées dans un récit (temps, lieu, action, actants) :

(28) Les dimensions de la continuité / discontinuité thématique dans le discours narratif

Dimension	Continuité	Discontinuité
Temps	Actions racontées dans l'ordre chronologique, séparées au maximum par de très petits intervalles de temps	Grand intervalle de temps ou actions qui ne sont pas racontée dans l'ordre
Lieu	Même lieu ou changement de lieu progressif (pour les déplacements)	Changement net de lieu
Action	Le contenu est de la même nature : action, absence d'action, conversation, etc.	Changement de la nature du contenu
Actants	Même distribution de personnages qui gardent les mêmes rôles entre eux	Changement net dans la distribution ou modification des rôles entre les actants

Dans un récit, le locuteur commence donc habituellement un nouveau regroupement thématique lorsqu'une discontinuité significative survient dans au moins une de ces quatre dimensions, généralement dans plusieurs à la fois[3]. Au sein d'un regroupement thématique, la continuité est en général

---
[3] La présence d'une seule discontinuité n'implique pas nécessairement un changement de regroupement thématique. Ainsi, les doubles contrastes (voir chapitre 11)

maintenue dans ces quatre dimensions. On peut considérer qu'il apparaît un nouveau regroupement thématique lorsque le locuteur passe d'une section de la représentation mentale à une autre, voire en crée une nouvelle.

7.4 Les liens cohésifs et les regroupements thématiques

Dans tous les types de discours, on trouve fréquemment des schèmes de liens cohésifs liés aux regroupements thématiques. Quand cela se produit, cela apporte à la personne qui analyse un discours, une confirmation linguistique des regroupements qu'elle a pu éventuellement déjà établir au niveau conceptuel. Nous allons maintenant examiner une par une chacune des quatre dimensions thématiques de Givón et noter les principaux schèmes de liens cohésifs.

Le TEMPS est particulièrement important dans le récit (section 2.1). Les actions du récit se suivent habituellement et le temps change donc peu à peu d'une action à l'autre, même au sein d'un regroupement thématique. Cependant, les intervalles de temps importants donnent généralement lieu à de nouveaux regroupements. En fait les regroupements narratifs sont généralement en plus étroite corrélation avec le temps qu'avec les trois autres dimensions thématiques. Par conséquent, les expressions temporelles sont fréquemment associées au début de regroupements narratifs, surtout lorsqu'elles sont en tête de phrase (points de départ — voir section 6.4) comme dans l'exemple (29) :

(29) Puis, **un beau jour**, la commune fit jeter toutes ces masures à bas, et l'on sema à leur place de la vigne et des oliviers.   (Appendice A, phrase 21)

Il existe un autre type de discontinuité temporelle : le RETOUR EN ARRIÈRE. En effet, il « fait intervenir une scène s'étant déroulée préalablement à l'action en cours ou principale » (*Wikipédia France*). En français le temps des retours en arrière est généralement le plus-que-parfait (auxiliaire *avoir* ou *être* à l'imparfait + participe passé), comme dans (30) :

(30) **Depuis longtemps**, les minotiers leur avaient enlevé leur dernière pratique.   (Appendice A, phrase 71)

Le LIEU, accompagné ou non d'un changement temporel, peut également être important dans le récit. Dans l'exemple (31) l'expression de lieu est un point de départ :

(31) **Dans le pays** on pensait que le vieux meunier, en renvoyant Vivette, avait agi par avarice.   (Appendice A, phrase 34)

---

nécessitent généralement un changement de thème, mais appartiennent souvent au même regroupement thématique, voire à la même phrase. Un regroupement thématique, comme son nom l'indique, comporte généralement plusieurs phrases.

7.4 Les liens cohésifs et les regroupements thématiques

Les expressions de temps ou de lieu peuvent indiquer le début d'un nouveau regroupement thématique, notamment lorsqu'elles sont points de départ comme dans les exemples (29) et (31). Cela s'explique par le fait que dans toutes les langues, les points de départ constituent souvent des liens cohésifs particuliers qui relient le prédicat qui va suivre à un ou des éléments du contexte précédent. Cela n'est nécessaire que lorsque le lien doit être modifié ou actualisé. Les points de départ indiquent donc souvent le commencement de nouvelles unités thématiques. C'est le rôle le plus fréquent dans le récit, des points de départ adverbiales. Inversement, les locutions adverbiales autres qu'antéposées, n'entraînent pas de discontinuité importante, ni de nouveau regroupement thématique (Levinsohn 2000 : 14). C'est le cas en (32) :

(32) Sans perdre une minute, je courus **chez les voisins**, je leur dis la chose en deux mots, et nous convînmes qu'il fallait, **sur l'heure**, porter au moulin de Cornille tout ce qu'il il y avait de froment **dans les maisons**. (Appendice A, phrase 75)

Nous examinerons de plus près les points de départ, adverbiales et autres, dans la section 11.4.1.

Un changement d'ACTION, fréquemment indiqué dans toutes les langues, est le moment où dans une histoire, on passe d'une conversation rapportée à des actions non verbales. Les changements d'action sont souvent indiqués par l'emploi d'un connecteur tel que « donc » ou « alors » en début de phrase. C'est le cas dans l'histoire racontée en Appendice A : *alors* apparaît lorsque l'action passe d'une conversation rapportée à des actions non verbales, à la phrase 29. Les passages de la pensée à l'action peuvent également être indiqués de cette façon :

« N'allez pas là-bas, disait-il ces brigands-là pour faire le pain se servent de la vapeur, qui est une invention du diable, tandis que moi je travaille avec le mistral et la tramontane, qui sont la respiration du bon Dieu [...] »

(33) **Alors**, de mâle rage, le vieux s'enferma dans son moulin et vécut tout seul comme une bête farouche. (Appendice A, phrases 27, 29)

Un autre changement d'action fréquent est le passage d'une action à une non-action, comme dans l'appendice A, phrases 77–78 :

(34) Tout le village se met en route, et nous arrivons là-haut avec une procession d'ânes chargés de blé, du vrai blé, celui-là. **Le moulin était grand ouvert.** (Appendice A, phrases 77–78)

Les ACTANTS sont évidemment importants dans un récit. Nous verrons dans les chapitres 16 à 18, les différents schèmes de référence actancielle. Nous noterons simplement ici que l'introduction d'un actant (par un groupe nominal complet) entraîne parfois un nouveau regroupement thématique, comme dans le conte des Trois petits cochons :

(35) Le premier petit cochon …
Le second petit cochon …
Le troisième petit cochon …

Il est utile de distinguer les actants des accessoires. Les ACCESSOIRES (le moulin par exemple en [34]) n'ont qu'un rôle passif dans l'histoire et ne font jamais rien d'important (Grimes 1975 : 43ss). Les actants en revanche, jouent un rôle actif dans le récit. C'est pour cette raison qu'ils sont généralement des personnes ou des personnifications (animaux auxquels on confère des qualités humaines, par exemple). Notons cependant que toutes les personnes citées dans un récit ne sont pas des actants. Les actants et les accessoires emploient souvent des schèmes de référence différents, dont certains sont employés en fonction des regroupements thématiques. Voir chapitres 16 à 18.

Ayant passé en revue les quatre dimensions principales de la continuité thématique, récapitulons maintenant les marqueurs linguistiques qui habituellement indiquent les limites thématiques :

(36) Marqueurs linguistiques **habituels des limites thématiques**

En début de regroupement, on trouve généralement :
- une expression antéposée (point de départ), notamment de temps, de lieu ou de thème
- une particule (« Bref », « Bon ») ou l'absence d'une particule attendue
- un connecteur syntaxique (« ensuite », « donc ») ou l'absence d'un connecteur attendu
- un groupe nominal complet pour identifier les participants au lieu d'un pronom, etc.

En début ou en fin de regroupement, on trouve généralement :
- des modifications du temps ou de l'aspect des verbes
- un récapitulatif (« C'est ce qu'ils firent ») ou une évaluation (« Ça, c'était passionnant ! »)

Entre les groupements dans un discours oral, on trouve souvent :
- une pause ou une interruption dans le temps
- un changement de hauteur de l'intonation

Comme nous l'avons mentionné, les dimensions thématiques peuvent être actualisées au niveau d'une limite thématique même quand elles ne témoignent pas d'une discontinuité. Il y aurait deux raisons à cela. Premièrement certains genres pourraient associer les ruptures thématiques à l'actualisation d'une dimension spécifique ; nous avons vu précédemment que c'est ce qui arrive au temps dans le récit. Deuxièmement, les locuteurs profitent souvent du début d'un nouveau regroupement thématique pour effectuer une actualisation générale. Dans le récit par exemple on désigne souvent les actants par un groupe nominal complet même s'ils ont déjà été présentés et qu'il y a peu de risque d'ambiguïté. Les limites thématiques étant des points de réorientation, il n'est pas étonnant qu'ils y aient une actualisation générale.

Notons également ceci (Chafe 1980 : 45) :

> Le changement d'orientation n'est pas quelque chose que l'on peut simplement qualifier de présent ou d'absent à certains endroits du récit. Il est présent ou absent à des degrés différents, à différents endroits du récit. Deux raisons expliquent pourquoi le changement d'orientation est peut-être une question de degré. Tout d'abord nous avons identifié différentes composantes de l'orientation et non une seule. Une ou deux d'entre elles peuvent se manifester à différents passages de transition. Les changements de lieux, de temps et de personnes ont tendance à se regrouper, mais ils n'ont pas besoin d'être tous présents au même endroit. En plus, ces composantes elles-mêmes sont scalaires : les protagonistes peuvent ainsi subir différents degrés de changement, idem pour l'activité en arrière-plan.

Les points de réorientation majeurs sont les plus faciles à identifier ; ceux mineurs sont plus discutables. Souvent, les regroupements mineurs apparaissent au sein des regroupements majeurs[4].

7.5 Quelques considérations pratiques

Les marqueurs de regroupements thématiques sont généralement indirects : très peu d'éléments, voire aucun, ne porte clairement la mention « limite thématique ». Ils indiquent plutôt des limites par leur schème caractéristique par rapport à celles-ci. Or, si nous avons besoin des limites pour identifier les schèmes et des schèmes pour reconnaître les limites, nous courons le risque d'un raisonnement circulaire.

Dans la mesure où ce dilemme peut se résoudre, la solution se trouve dans la convergence entre de nombreux marqueurs de différents types. Si on prend à la fois les jugements intuitifs de segments au niveau conceptuel et les schèmes fréquemment observés dans toutes les langues, on obtient une preuve indépendante des limites. Lorsqu'ils présentent une forte convergence, les hypothèses deviennent fiables.

Voici un processus grossier qui peut être utile pour les premières étapes de la segmentation d'un texte en regroupements thématiques :

(37) Étapes concrètes pour segmenter un texte en regroupements thématiques

---

[4] « L'organisation du discours n'est ni plate, ni linéaire, mais hiérarchique ». Elle se compose de « trois niveaux d'organisation et de développement : le niveau propositionnel ou local, le niveau du paragraphe ou de l'épisode, le niveau de tout le discours ou global. » Cependant, « l'enchâssement d'unités de niveau inférieur dans des unités de niveau supérieur est pour finir récursif » (Tomlin et al. 1997 : 66, 90).

a. En vous appuyant sur votre représentation mentale du texte et sur vos instincts linguistiques, quelle que soit leur origine, faites une première hypothèse sur les endroits où se situeraient les points de discontinuité thématique.

b. Cherchez, au niveau de ces différents points, les marqueurs linguistiques qui correspondent à vos regroupements intuitifs. Soyez particulièrement attentifs à ceux que nous ont été décrits comme étant.

c. Cherchez, au niveau de ces différents points, les marqueurs linguistiques qui correspondent à vos regroupements intuitifs. Soyez particulièrement attentifs à ceux que nous ont été décrits comme étant communs à toutes les langues.

d. Testez et corrigez vos hypothèses avec d'autres données textuelles.

Concepts Clés :
regroupements thématiques
segmentation conceptuelle
continuité thématique
discontinuité thématique
les quatre dimensions de la continuité thématique dans le récit
   temps
      retour en arrière
   lieu
   action
   actants (opposés à accessoires)
points de départ adverbiales

8

Disposition de textes en tableaux

« On observe beaucoup de choses rien qu'en regardant » — Yogi Berra

LA DISPOSITION D'UN TEXTE EN TABLEAU désigne la présentation visuelle d'un texte qui fait ressortir les traits que l'on souhaite étudier (en les alignant, par exemple). Cette définition indique l'utilité de cet exercice où les discours sont des phénomènes très complexes, organisés selon différents plans. Un tableau bien conçu permet de mettre en évidences spécifiquement certains plans intéressants et devient ainsi un instrument heuristique d'analyse et d'interprétation.

Cette définition indique également qu'il y a plusieurs manières de procéder, selon les traits de l'organisation du texte auxquels on s'intéresse à un moment donné. En fonction des traits à étudier, le type de tableaux élaboré diffèrera. Celui-ci reflètera bien entendu des hypothèses sur l'organisation les textes en fonction de ces traits. Lorsqu'on effectue ce type d'analyse, on est libre d'imaginer d'autres types de tableaux ou modifier des modèles existants de façon à accéder aux traits textuels auxquels on s'intéresse.

Dans ce chapitre nous présentons une façon de disposer un texte en tableau, avec une application aux regroupements thématiques. Ce tableau a été conçu pour une analyse globale au cours des premières étapes de l'analyse d'un texte. Il se fonde sur de nombreuses analyses de discours effectuées sur le terrain (Longacre et Levinsohn, 1978)[1].

---

[1] Les différents spécialistes de l'analyse du discours n'ont pas tous les mêmes préférences en termes de tableaux. Voir par exemple, le « Thurman Chart » de Grimes (1975, chapitre 6).

8.1 Par quel type de texte est-il conseillé de commencer ?

Les débutants en analyse du discours préféreront commencer par un texte narratif, car ce sont ceux qui produisent les meilleurs résultats et sont les mieux compris. Le texte ne doit être ni trop complexe, ni trop simple, car le but de l'exercice est précisément de voir comment est traité la complexité. Il doit donc comporter au moins deux actants principaux[2] ainsi qu'un problème, un conflit ou une tension et sa résolution.

Selon Grimes (1975 : 33), « les textes qui produisent les analyses les plus cohérentes sont les textes mis en forme »[3]. Ceux-ci, contrairement à leur émission (qui comporte des erreurs involontaires, des choix maladroits, etc.) s'approcheront de ce qui pourrait être considéré comme le niveau de compétence de celui qui effectue l'analyse (les usages acceptés des ressources de la langue). Bien qu'en général qui dit texte mis en forme, dit texte écrit, ce texte pourrait être une retranscription d'un enregistrement. Il est préférable que le texte soit mis en forme par un membre du groupe linguistique (si possible l'auteur du texte) de façon à préserver la représentation mentale de l'auteur et ses préférences stylistiques (section 3.1)[4].

L'idéal est que le texte soit produit par quelqu'un qui a « la réputation de régulièrement produire des discours que les autres ont envie d'écouter » (Grimes 1975 : 33). Ce sera une garantie supplémentaire de la qualité du texte.

Avant de disposer le texte en tableau, il est nécessaire de « maîtriser le contenu du discours », c'est à dire, « savoir qui a fait quoi à qui et connaître autant que possible le lien entre une action et toutes celles de son contexte immédiat » (Longacre et Levinsohn 1978 : 111). Cela signifie qu'on doit avoir une représentation assez complète de l'univers du discours et de la contextualisation externe. À cette fin, on peut demander une traduction libre de l'histoire avant de poser des questions précises. Cet exercice vous apportera en plus des connaissances culturelles.

8.2 Le tableau de base

Dans le type de tableau proposé ici, les constituants grammaticaux identiques sont mis dans la même colonne et les phrases sont séparées les unes des autres par un trait horizontal. Soit le texte est déjà segmenté en

---

[2] Voir section 17.2.1 pour une étude des principaux types d'actants.
[3] On emploiera le terme de « mis en forme» pour parler d'un texte retranscrit et dont on a ôté les formes typiques du langage oral (répétitions, « Euh ! », etc.).
[4] Bien entendu, une version contenant des erreurs et des diffluences présenterait un intérêt pour celui qui en effectue l'analyse. Elle risque de faire mieux apparaître les processus cognitifs, mais elle montrera moins bien les formes discursivement correctes.

8.2 Le tableau de base

phrases et les phrases en constituants, soit l'on opère cette segmentation à mesure où on met les constituants en tableau.

On prendra une feuille A4 dans le sens de la longueur et on tracera quatre colonnes[5] :

Colonne 1 : mots introductifs et constituants faisant l'objet d'une dislocation à gauche[6].
Colonne 2 : points de départ et constituants antéposés mais étroitement liés au prédicat principal.
Colonne 3 : le prédicat nucléaire lui-même, subdivisé en trois à cinq sous-colonnes (voir ci-après).
Colonne 4 : constituants postnucléaires et faisant l'objet d'une dislocation à droite.

On divisera la troisième colonne en trois, quatre ou cinq sous-colonnes et on choisira les colonnes pour le sujet et le verbe nucléaires de façon à refléter l'ordre le plus neutre de ces constituants dans la proposition. Par exemple, si l'ordre le plus neutre des constituants est S – V – COI – COD (sujet – verbe – complément d'objet indirect – complément d'objet direct), aucun constituant ne s'intercale entre le sujet et le verbe et le verbe est rarement suivi de plus de trois constituants. On attribuera alors quatre sous-colonnes de la façon suivante :

S – V – (COI) – (COD)

(En cas de présence d'un troisième constituant postverbal, on le placera dans la colonne 4.)

Les sous-colonnes « COI » et « COD » peuvent, si nécessaire, être utilisées pour d'autres constituants (compléments du prédicat, sujets postverbaux, par exemple). Tous les constituants nucléaires antéposés doivent être placés dans la colonne 2. On obtiendra donc un tableau du type :

Réf.	Colonne 1	Colonne 2	\multicolumn{4}{c}{Colonne 3}	Colonne 4
Référence	Mots introductifs et constituants faisant l'objet d'une dislocation à gauche	Points de départ et constituants antéposés en lien avec la proposition principale	S	V	(COI)	(COD)	Constituants post-nucléaires

---

[5] Ces colonnes reflètent le postulat que ce sont les places universelles des constituants de la phrase (Dik 1978 et Van Valin 1993 : 10). Pour plus de détails, voir le chapitre 11.

[6] Voir section 11.4 pour plus de détails sur les éléments placés à gauche et à droite du noyau.

Si l'ordre le plus fréquent des constituants est S – COI – COD – V et que le sujet et le verbe ne sont habituellement pas séparés par plus de trois constituants, on tracera cinq colonnes :

Réf.	Colonne 1	Colonne 2	Colonne 3				Colonne 4
Référence	Mots introductifs et constituants faisant l'objet d'une dislocation à gauche	Points de départ et constituants antéposés en lien avec la proposition principale	S	(COI)	(COD)	V	Constituants post-nucléaires

Remarques :
- La largeur, l'ordre et le nombre de subdivisions des colonnes dépendent de la langue et souvent du genre textuel. Dans la pratique, on doit tester différents tableaux pour la première ou les deux premières pages du premier texte de chaque genre avant de trouver la meilleure façon de faire les colonnes.
- Ne soyez pas tentés d'utiliser une très large feuille de papier ou de multiplier les colonnes ! L'œil n'est pas capable de traiter en une fois un texte étalé sur une largeur supérieure à celle d'un livre de comptes.
- Les propositions dépendantes peuvent être considérées soit comme des propositions nucléaires (c.-à-d., dans la colonne 3), soit être mises dans les colonnes des constituants prénucléaires ou postnucléaires correspondantes.

8.3 Conventions

Au moment de l'écriture du texte dans le tableau que vous avez préparé, vous respecterez les conventions suivantes :

1. Aller à la ligne pour chaque proposition.
2. Tracer un trait d'un bout à l'autre de la page avant chaque nouvelle phrase.
3. Si un consultant est susceptible de vous aider dans l'analyse du texte, fournissez-lui une traduction du texte mot à mot (et morphème par morphème si nécessaire) dans sa langue.
4. Ne changez pas l'ordre des constituants.
   - Si un constituant se trouve dans une position inhabituelle, ajoutez « postverbal » ou « antéverbal » dans la colonne appropriée, mais mettez-le dans le tableau selon sa place.

- Lorsqu'il n'est pas possible de décaler le texte sur la droite pour l'écrire dans la colonne appropriée (si le sujet et le verbe sont séparés par trois constituants mais que vous n'avez que deux colonnes, par exemple), décalez le texte vers le bas.
5. Noter les constituants implicites (particulièrement les sujets et les objets des verbes transitifs) par un tiret : —.
6. Souligner les discours rapportés ou l'écrire d'une autre couleur.
7. Numéroter les énoncés ou les unités textuelles dans une colonne étroite en début de tableau (intitulée « référence »).

Au lieu de faire ce tableau à la main, vous pouvez essayer d'améliorer une présentation interlinéaire produite par un logiciel informatique. Vous respecterez alors les conventions précédentes autant que possible ! En particulier :

1. Vous irez à la ligne à chaque nouvelle *proposition*, mais conservez si possible la numérotation au niveau des phrases.
2. Vous emploierez différentes *mises en forme* pour distinguer
   - les retours à la ligne correspondant à une nouvelle proposition et ceux correspondants à une nouvelle phrase (en ajoutant un espace avant chaque nouvelle phrase, par exemple)
   - ce qui provient de la langue et les commentaires
   - la conversation rapportée.
3. Utilisez les *tabulations* pour aligner les éléments de même nature (présence ou absence de conjonctions de coordination, de sujets ou de verbes par exemple).

8.4 Indiquer les regroupements thématiques

La première analyse conseillée ici est l'identification des regroupements thématiques du texte. C'est probablement l'étape la plus importante, vu que le regroupement thématique conditionne la plupart des autres éléments de l'organisation du texte. Le tableau de base que nous venons de décrire a été conçu pour vous permettre de commencer l'analyse des regroupements thématiques.

À un certain moment, indiquer votre première hypothèse sur les regroupements thématiques selon le procédé expliqué au premier point de l'encadré (37), section 7.5. Regroupez les phrases qui ont l'air d'aller ensemble et divisez le discours là où il semble y avoir naturellement une séparation (Longacre et Levinsohn 1978 : 118).

Le tableau suivant montre ce que l'on pourrait obtenir après cette première étape d'une analyse intuitive appliquée aux phrases 24 à 29 du texte en Appendice A. Les numéros de phrases sont listés verticalement. Les phrases qui ont l'air d'aller ensemble sont regroupées dans les encadrés.

Les encadrés placés à l'intérieur d'encadrés plus grands représentent les regroupements internes à d'autres regroupements. Les lignes horizontales représentent les divisions du discours. Les mots placés à gauche du tableau indiquent les marqueurs linguistiques éventuels.

(38)

		24
		25
	Pendant huit jours	26
		27
		Et 28
	Alors	29

À présent, on est prêts à revoir et à corriger les regroupements à l'aide des schèmes de liens cohésifs. À cette fin, on suivra les étapes 2 à 4 de l'encadré (37). On notera de l'organisation des éléments mentionnés dans l'encadré (36) de la section 7.4, car ils pourraient donner des preuves de regroupements thématiques.

> **Concept Clé :**
> disposition de textes en tableau

9
Des représentations mentales revisitées

« 99% de ce jeu est à moitié mental. » — Yogi Berra

Jusqu'à maintenant nous avons parlé des représentations mentales pour comprendre les notions de cohérence (chapitre 5) et de regroupements thématiques (chapitre 7). Leur rôle ne se réduit pourtant pas à cela. Elles vont notamment nous permettre, dans les prochains chapitres, de comprendre les aspects de l'organisation du discours suivants (présentés en gros par niveaux linguistiques croissants) :

- mots et syntagmes : statut d'activation et statut référentiel (chapitre 10) ;
- phrase : structuration pragmatique (chapitre 11) ;
- phrase et niveau supérieur : types d'informations, premier plan et arrière-plan (chapitre 12) ;
- phrase et niveau supérieur : relations sémantiques (chapitre 13) ;
- phrase et niveau supérieur : conversation rapportée (chapitre 14) ;
- grandes parties du discours : organisation faisant l'objet de convention (chapitre 15).

Ces sujets nécessitent une notion plus pointue de ce qu'est la représentation mentale. Or, nous avons là un problème. Nul ne sait avec certitude quelle est la structure des représentations mentales dans le cerveau. Tout ce que nous pouvons faire est de construire une représentation mentale des représentations mentales à partir de leurs manifestations dans les tests psychologiques et les tests de langage. Nous proposons donc dans ce chapitre un cadre pour mieux connaître le discours.

9.1 Ce que les représentations mentales représentent

À ce stade, vous avez sûrement compris que les représentations mentales ne servent pas uniquement à comprendre un discours, mais elles sont les principaux moyens de la cognition humaine. Elles « jouent un rôle central et unificateur dans la représentation des objets, des situations, des suites d'actions, de l'état du monde, ainsi que des actions psychologiques et sociales de la vie quotidienne ». De façon générale, on peut voir une représentation mentale comme représentant un « état des choses »[1]. Le discours n'est qu'un moyen de « créer des représentations comparables à celles qui proviennent de la connaissance directe du monde » (Johnson-Laird 1983 : 397-398).

9.2 La hiérarchie

Dans ce qui va suivre, nous allons employer le terme de SCHÉMA. Ce terme désigne le réseau ou « l'ensemble des attentes corrélées » (Chafe 1987 : 29), qui proviennent de la culture[2]. La caractéristique structurelle la plus importante d'un schéma est certainement son ORGANISATION HIÉRARCHIQUE. Dans la description suivante, la plupart de ce qu'Adams et Collins (1979 : 3) disent sur les schémas s'applique aussi à d'autres types de représentations hiérarchiques :

> Un schéma est la description d'une certaine classe de concepts et comporte d'autres schémas hiérarchisés. La représentation au sommet de la hiérarchie est suffisamment large pour saisir les aspects essentiels de tous les éléments de cette classe. Par exemple, si la classe conceptuelle représentée par le schéma est « aller au restaurant » (Schank et Abelson 1977), on a à son sommet des informations telles que : « un restaurant est un commerce où les gens payent pour que d'autres leur préparent un repas et nettoient après leur passage ». Au niveau inférieur de cette description globale, on a des schémas plus précis (par exemple, se rendre à un dîner, aller dans un fast food, aller à un restaurant gastronomique ...). De façon générale, plus on descend dans la hiérarchie, plus le nombre de schémas enchâssés se multiplie et plus leur étendue se réduit jusqu'à atteindre, au niveau le plus bas, des schémas liés à des perceptions uniques.

Adams et Collins ont décrit une hiérarchie de type *taxonomique* : elle recouvre plusieurs types de restaurants. Mais les hiérarchies mentales peuvent également impliquer différentes *parties d'un tout*. Dans la

---

[1] Les représentations mentales ont besoin de traiter à la fois des actions et des états, mais le type de structure générale opère cette double tâche n'est pas encore clair. Par l'expression « état des choses », on veut désigner ces deux catégories.
[2] D'autres termes peuvent être utilisés pour cette notion ou des notions proches : *script*, *cadre* et *scénario* (voir Tannen 1979 ; Brown et Yule 1983 : 236ss).

représentation du restaurant, par exemple, de telles subdivisions pourraient comporter des éléments comme « entrer et s'asseoir », « commander », « manger » et « payer et partir ». Quel que soit le type de hiérarchie, un discours narratif où il est question d'un restaurant comportera des « événements perceptuels uniques », dont certains n'appartiennent peut-être pas au schéma typique d'un restaurant. La tâche de l'allocutaire est de trouver ou de construire une représentation à laquelle les faits du discours pourront s'intégrer.

9.3 Les concepts

On peut considérer les représentations mentales comme composées d'entités, de propriétés et de relations (Johnson-Laird 1983 : 398). Les ENTITÉS correspondent à ce que l'on désigne habituellement par des noms. On pourrait peut-être les dépeindre comme des NŒUDS de la représentation mentale (De Beaugrande et Dressler 1981 : 98ss). Les PROPRIÉTÉS sont les qualités qui décrivent les entités. On peut les voir comme des étiquettes attachées aux nœuds. Les RELATIONS relient les entités. On peut les imaginer comme des fils reliant les nœuds où chaque fil porte une étiquette qui indique différentes fonctions dans la relation. Ainsi, les événements ou les actions sont un type particulier de relation. « Entités », « propriétés » et « relations » sont parfois désignées par le terme général de CONCEPTS.

Le concept, dans une représentation mentale, inclut ce qu'on pourrait appeler un EMPLACEMENT qui « peut accepter n'importe quel ensemble de valeurs qui sont compatibles » (Adams et Collins 1979 : 4). Par exemple, dans un schéma du restaurant, on aura probablement tous des emplacements pour les serveurs et un comptoir. Ces emplacements restent vides jusqu'au moment où ils sont instanciés. S'il s'avère qu'un certain restaurant comporte un comptoir, cet emplacement est rempli. S'il est clair qu'il n'en a pas, on suppose que cet emplacement sera supprimé de la représentation mentale. « La compréhension d'une situation ou d'une histoire donnée implique un processus d'instanciation qui associe des éléments de la situation aux emplacements appropriés » (p. 4). Quand on ne sait pas si un certain restaurant a un comptoir ou non, il se pourrait que cet emplacement reste dans la représentation mentale, mais vide. Certains emplacements ont un contenu quasiment assuré (la nourriture, par exemple, dans un restaurant), alors que d'autres ne sont que plausibles (par exemple, une aire de jeux ou un concert).

9.4 Élaborer des représentations mentales

De façon générale, ceux qui écoutent un discours ou appréhendent une situation ont deux stratégies pour élaborer des représentations mentales : un traitement ascendant et un traitement descendant (Adam et Collins 1979 : 5). Le TRAITEMENT ASCENDANT part des « événements perceptuels uniques », lesquels occuperont finalement le niveau le plus bas de la hiérarchie. Cette première étape est suivie de généralisations successives qui permettent de donner du sens aux données. Nous pouvons par exemple entendre des personnes assises à une table demande à d'autres de leur apporter à manger. Nous pourrons également remarquer qu'il est question de paiement, que ce ne sont pas ceux qui ont déjeuné qui nettoient les tables, etc., et c'est seulement une fois que tous ces faits séparés se rassemblent que nous tirons des conclusions sur ce qui est en train de se passer. Cette façon de traiter des informations est cependant horriblement coûteuse.

Aussi, chaque fois que nous le pouvons, nous avons recours au TRAITEMENT DESCENDANT : confrontés à une série de faits, nous émettons très rapidement une hypothèse sur la situation (« Oh, ce doit être un restaurant ! »). Cela consiste à faire appel à un schéma complet, avec ses éléments tout prêts, sa structure « toute faite » et ses emplacements vides et à vérifier si les faits qui nous sont donnés s'intègrent dans ce schéma. Même si des adaptations sont parfois nécessaires, faire appel à un schéma entier provisoire nous évite en général bien des efforts.

Le traitement descendant nécessite donc la vérification de toute la structure d'attentes. Mais d'où viennent ces STRUCTURES D'ATTENTES ? Elles proviennent principalement de deux choses : l'expérience (individuelle ou collective, ce qu'on appelle la culture) et le discours lui-même (Brown et Yule 1983 : 235). Ce sont l'expérience et la culture qui suscite le schéma du restaurant mentionné précédemment. La deuxième source des structures d'attente est le discours lui-même (ou, de façon plus générale, la situation perçue). Prenons l'exemple du texte narratif : souvent, lorsque les données présentées sont brutes (« un garçon rencontre une fille », par exemple), l'allocutaire, qui fonctionne en mode descendant, élabore une PROJECTION À PARTIR DES DONNÉES sur la suite des événements. Certaines projections tiennent plus de la spéculation ou de l'essai (le garçon épousera-t-il la fille ?), alors que d'autres s'avancent moins mais sont plus fiables (le garçon va s'intéresser à la fille, il va la revoir, etc.). L'organisation de certains types de discours semble conçue pour générer ce type de projections (la répétition, par exemple : le premier petit cochon construisit sa maison, et il arriva ceci ; le second petit cochon construisit sa maison, et il arriva cela, etc.). L'intérêt de l'allocutaire va alors être de savoir si ses projections se réalisent ou non.

La plupart des structures d'attentes viennent à la fois de la culture et du discours lui-même. Cependant, quelle que soit leur source, ces structures sont d'excellents moyens pour amener l'allocutaire à construire une représentation mentale et à rester intéressé par le texte.

Idéalement, « les traitements descendant et ascendant devraient avoir lieu [...] simultanément. Les données nécessaires pour instancier les schémas deviennent accessibles au fur et à mesure du traitement ascendant,

9.4 Élaborer des représentations mentales

alors que le traitement descendant facilite leur assimilation », une fois qu'il est fait appel à une structure d'attentes prometteuses (Adams et Collins 1979 : 5).

> **Concepts Clés :**
> schéma
> organisation hiérarchique
> nœuds
> concepts
>   entités
>   propriétés
>   relations/événements
> les stratégies pour élaborer des représentations mentales
>   traitement ascendant
>   traitement descendant
>   structure d'attentes
>   projection à partir des données

10
Statut d'activation, statut défini et statut référentiel

Dans le chapitre 9 nous avons émis l'hypothèse que l'expérience et la culture amènent inconsciemment les êtres humains à construire des schémas auxquels ils accèdent ensuite lorsque la situation s'y prête. Cela signifie que « notre esprit contient un très grand nombre de connaissances et d'informations ». Néanmoins tout porte à croire que notre attention ne peut porter que sur quelques-unes de ces informations à la fois, informations qui seraient alors « actives » (Chafe 1987 : 22).

> Selon Chafe [...], un « concept » [tel que défini dans la section 9.3] peut se trouver dans un des trois ÉTATS D'ACTIVATION suivants : ACTIF, [...] ACCESSIBLE et INACTIF. Un concept ACTIF est un concept « actuellement allumé, un concept présent dans la conscience d'un individu à un moment donné ». Un concept ACCESSIBLE est « un concept présent dans la conscience périphérique d'un individu, un concept présent dans sa conscience en arrière-plan, mais qui n'est pas directement au centre de son attention ». Un concept INACTIF est un concept « qui se trouve actuellement dans la mémoire à long terme de l'individu, mais qui n'est ni au centre de l'attention, ni actif en périphérie ». (Lambrecht 1994 : 93–94)[1]

Les concepts actifs étant « actuellement allumés », on les appelle parfois « informations données ». Les concepts inactifs deviennent, eux, de « nouvelles informations » au moment où ils sont activés. Prenons comme

---
[1] Pour une étude plus approfondie à ce sujet, voir Chafe (1987) et Lambrecht (1994 : 93–100).

exemple l'énoncé *J'ai vu Marie hier. Elle te passe le bonjour.* Si elle n'a pas été évoquée plus tôt dans la conversation en cours, Marie était un concept inactif dans l'esprit de l'allocutaire jusqu'à ce qu'il entende la première phrase (le locuteur suppose que cette Marie est dans la mémoire à long terme de l'allocutaire). Cependant, une fois évoquée, elle se transforme en concept actif.

Il y a trois types de concepts accessibles.

- Premièrement, un concept peut devenir accessible « par la désactivation d'un état précédent, qui en général a été actif précédemment dans le discours ». Dans l'Appendice A, phrase 52, *Vivette* est un concept accessible car il a été avant un concept actif dans le discours (dernière évocation : phrase 46).
- Deuxièmement, un concept peut également devenir accessible parce qu'il « appartient à l'ensemble des attentes associées à un schéma » (Chafe 1987 : 29). Dans l'Appendice A, phrase 7, *ailes* est un concept accessible, bien que l'auteur ne l'ait pas mentionnée précédemment, car un moulin à vent a des ailes.
- Enfin, certains concepts « doivent leur statut de concept accessible à leur présence dans l'univers externe du discours » (Lambrecht 1994 : 99). Tel est le cas de *la route de Tarascon* dans l'appendice A, phrase 13.

Le statut d'activation est un exemple de ce qu'on peut appeler le STATUT COGNITIF des concepts. Ce chapitre traite de différents types de statuts cognitifs : nous examinerons tout d'abord les trois manières dont Chafe classe les statuts d'activation, puis le statut défini (y compris des références génériques) et le statut référentiel.

10.1 Le statut d'activation : trois processus

Nous avons vu plus haut les trois états d'activation : actif, accessible et inactif. Chafe étudie pour chacun d'eux la façon dont un concept l'acquiert et comment ce dernier se manifeste le plus souvent. Trois processus entrent en jeu : l'activation (dont la réactivation), la désactivation, et le maintien à l'état actif[2].

Le processus d'ACTIVATION permet au concept de passer de l'état inactif ou accessible à l'état actif.

- L'activation d'un concept INACTIF, qui se transforme ainsi en « information nouvelle », « est de toute évidence beaucoup plus coûteuse

---

[2] Dans les paragraphes qui suivent, nous avons légèrement remanié ce que dit Chafe sur ces processus.

10.1 Le statut d'activation : trois processus

en termes d'efforts cognitifs que tous les autres types d'activation » (Chafe 1987 : 31). Elle ne peut s'accomplir qu'au moyen de très importants moyens de codage (forte accentuation, par exemple).

- L'activation d'un concept qui était auparavant seulement ACCESSIBLE ne nécessite généralement pas un codage important, mais il faut absolument une mention du concept et, si la langue le permet, que son statut antérieur de concept accessible soit indiqué, comme en français par l'article défini.
- La DÉSACTIVATION « n'a probablement aucun coût » puisque cela permet à un concept, en perdant son état actif, de retourner simplement à son état accessible.

On appelle le MAINTIEN le fait de garder un concept actif. C'est un processus intermédiaire en matière de moyens d'encodage[3]. S'il n'y a aucune ambiguïté, maintenir le statut actif d'un concept ne nécessitera qu'un minimum de moyens. Ainsi, « les concepts donnés sont formulés de façon atténuée », sont souvent remplacés par des pronoms, voire même faire l'objet d'une ellipse (Chafe 1987 : 26).

Nous pouvons donc déduire de ces différents processus que la quantité d'éléments codant dépend directement de l'effort cognitif exigé et qu'en particulier, plus le statut cognitif subit de changements, plus on emploie un codage important. Nous reviendrons sur ce principe à la section 16.2.

Pour finir, mentionnons la contrainte « UN SEUL NOUVEAU CONCEPT A LA FOIS » de Chafe. Dans le discours narratif oral informel, « seul un concept à la fois peut passer de l'état inactif à l'état actif au cours d'une pause initiale » (Chafe 1987 : 31–32). Ceci dit, cette contrainte ne s'applique pas pour l'activation d'un concept déjà accessible. Cette contrainte ne s'applique d'ailleurs pas non plus à certains types fréquents de contenus écrits, car dans ceux-ci « il est difficile de déterminer des groupements [prosodiques] d'idées ». (Chafe 1985b : 107).

L'extrait suivant est tiré d'un discours oral au sujet d'un cours d'université. Chafe (1987 : 32) s'en sert pour illustrer « un seul nouveau concept à la fois ». Les concepts donnés sont dans la première colonne, les concepts accessibles dans la seconde et les nouveaux concepts dans la troisième. La numérotation est celle de Chafe.

---

[3] Il est inutile de développer le maintien d'un concept au statut inactif.

(39) Statut d'activation

Réf.	Concepts donnés	Concepts accessibles	Nouveaux concepts
4.	--	Tout le monde l'instructeur	aimait
5.	(il) un gars	--	était vraiment suisse de la vieille école
6.	(c') un cours	--	était de biologie

10.2 Le statut défini

Chafe donne trois types d'opposition entre les statuts d'activation. Il y a une opposition binaire que certaines langues encodent comme l'opposition entre le référent défini et le référent indéfini. On parle de RÉFÉRENT DÉFINI lorsque le locuteur pense que l'allocutaire sera en mesure d'identifier celui-ci. C'est à dire, de le localiser dans sa représentation mentale actuelle. On parle de référent indéfini lorsque le locuteur incite l'allocutaire à créer un emplacement (Chafe 1976 : 55). C'est la différence entre *une minoterie à vapeur* (Appendice A, phrase 13) et *la vapeur* (phrase 16), comme le montrent les articles.

Cependant, même dans les langues qui indiquent en général cette distinction, certaines expressions restent parfois indéterminées. On juge alors du statut défini ou indéfini du concept en fonction d'éléments du contexte.

Dans certaines langues, c'est l'ordre des constituants qui indique le statut défini. Tomlin et Rhodes (1979) ont insisté qu'en ojibwa, une langue algonquine, les noms définis suivent en général le verbe alors que les noms indéfinis le précèdent. (Dans la plupart des langues, c'est généralement l'inverse.)

Certaines langues n'indiquent pas le statut défini ou indéfini, sauf dans certaines situations discursives. Le guaraní mbyá, par exemple, ne comporte pas d'articles et le statut indéfini n'est indiqué que lorsqu'un élément important est introduit dans le discours. Le nom est alors précédé de l'adjectif ordinal « un » (voir section 17.2.1).

10.3 Référence générique

Dans le cas d'une référence générique, le locuteur pense généralement à une *classe* particulière d'entités : **Le cerf** est un très bel animal. Comme le locuteur s'attend à ce que l'allocutaire identifie la classe, la référence générique a de nombreux points communs avec le statut défini. Ces deux statuts sont d'ailleurs souvent encodés de la même façon et apparaissent dans les mêmes structures syntaxiques. (Dans de nombreuses langues, si la structure de la phrase est de type « thème-rhème », le thème doit être soit défini, soit générique.) D'autres langues considèrent au contraire les génériques comme une subdivision des indéfinis.

10.4 Le statut référentiel

Les représentations mentales jouent un rôle important, non seulement sur le statut défini, mais aussi sur le statut référentiel. Toutefois, alors que le statut défini dépend de l'attente du locuteur à ce que l'allocutaire identifie le référent, le statut référentiel dépend de l'essai du locuteur à faire référence à quelque chose de précis. Cela signifie qu'une entité RÉFÉRENTIELLE est celle pour laquelle le locuteur emploie un emplacement instancié dans sa représentation mentale alors que pour l'entité NON-RÉFÉRENTIELLE ou non-spécifique, le locuteur ne se sert pas d'un tel emplacement. Par conséquent, si un locuteur dit *J'ai vu **un/le/ce gros mâle*** fait référence à quelque chose, car il a à l'esprit un gros mâle précis. Par contre, s'il dit *Je suis allé à la chasse au cerf*, rien n'indique qu'il pense à un cerf en particulier.

Comme pour le statut défini, certaines formes ne permettent pas de déterminer le statut référentiel d'une entité. Dans l'énoncé *Je pars à la recherche d'**un cerf***, le groupe nominal *un cerf* peut être référentiel ou non, selon que locuteur a ou non à l'esprit un cerf en particulier. On trouve fréquemment des expressions non-référentielles associées à un verbe (***jouer à la poupée***, par exemple).

Notons également que certaines langues n'essaient pas de faire une distinction formelle entre les entités référentielles ou non-référentielles, sauf dans des cas particuliers. Nous pouvons donc déduire de ces définitions que les entités définies sont toujours référentielles. Si le locuteur veut que l'allocutaire identifie une entité spécifique, il faut qu'il pense lui-même à cette entité.

10.5 Précisions sur le statut d'activation

Les trois statuts d'activation décrits par Chafe (actif, accessible et inactif) sont linguistiquement attestés dans toutes les langues, mais les frontières entre ces états ont tendance à être floues. Au niveau de la perception, il y a obligatoirement de multiples degrés d'activation des entités. Notez simplement qu'à moins d'être maintenues au statut actif, les entités, après avoir été activées, s'effacent progressivement de la conscience. Les locuteurs doivent donc, lorsqu'ils parlent de ces entités, choisir parmi des moyens d'encodage discret, tels que les pronoms. Dans l'analyse finale, le statut d'activation d'un concept est donc ce que le locuteur choisit qu'il soit et non ce que l'analyste a l'impression qu'il devrait être.

> **Concepts Clés :**
> statuts d'activation
>   concepts actifs (« information donnée »)
>   concepts accessibles
>   concepts inactifs (« nouvelle information »)
> statut cognitif
> les processus en lien avec les statuts d'activation
>   activation
>   désactivation
>   maintien au statut actif
> contrainte d'un seul nouveau concept à la fois
> statut défini
> statut indéfini
> référence générique
> statut référentiel
> statut non-référentiel

11
La structuration pragmatique des phrases

> « *Je ne suis pas un voleur* » *dit-il en insistant si légèrement sur le premier mot qu'on pouvait supposer qu'il ne faisait pas preuve d'impertinence.* — Graham Greene, *The Heart of the Matter*

Il existe différentes façons d'exprimer une phrase tout en conservant le même contenu sémantique (propositionnel) :

(40) Paul a trait la chèvre.
    La chèvre, Paul l'a traitée.
    C'était la chèvre que Paul a traitée.
    C'est Paul qui a trait la chèvre.
    Paul est celui qui a trait la chèvre.
    La personne qui a trait la chèvre, c'est Paul.
    Ce que Paul a fait, c'est de traire la chèvre.
    Ce qui a été trait par Paul, c'est la chèvre.

Le langage présente donc tout un panel de possibilités, sans parler des nuances liées à l'intonation, rarement notées à l'écrit. Pourquoi y a-t-il autant de façons de dire essentiellement la même chose ? Parce que le locuteur adapte l'agencement des informations en fonction de ce que l'allocutaire sait déjà. C'est à dire, de sa représentation mentale actuelle. Cela aboutit à différentes formes de STRUCTURATION PRAGMATIQUE qui est l'un des types de cohésion, comme on l'a vu dans la section 6.4. Dans toute communication, le locuteur amène l'allocutaire à ajouter des éléments à sa représentation mentale. Le contenu sémantique est relatif à *ce qui* est ajouté tandis que la structuration pragmatique est relative à la *place* où cela est ajouté et à la *relation* entre ce nouveau contenu et les éléments déjà présents.

Il y a notamment des informations qui attirent simplement l'attention de l'allocutaire sur des éléments déjà présents dans sa représentation mentale et des informations destinées à modifier cette représentation. C'est par cette distinction que nous allons commencer.

11.1 Focus et portée du focus

Face à un énoncé donné, il est très utile à l'allocutaire d'identifier la modification la plus importante ou la plus visible à apporter à sa représentation mentale. Nous appellerons la partie de l'énoncé qui lui apporte cette information : le FOCUS. Autrement dit, le focus d'un énoncé est la partie qui indique la modification que le locuteur veut être la plus importante ou la plus visible dans la représentation mentale de l'allocutaire[1].

Le contenu du focus en général, apporte soit une nouvelle information, soit des modifications aux éléments déjà présents dans une structure propositionnelle activée, que ce soit en remplaçant un élément ou en sélectionnant un élément parmi plusieurs. Cela signifie que le contenu focalisé est donc généralement, soit nouveau, soit contrastif (Dik et al. 1981)[2]. (Il est également possible d'apporter un nouvel élément matériel à une structure propositionnelle activée, mais ce n'est pas nécessaire. Nous examinerons le contraste par la suite dans ce chapitre.) Tout énoncé a un focus.

(41) Ta **fille** vient de tuer un OURS.

Dans l'exemple (41) le mot en majuscules indique que nous prenons le cas où le noyau intonatif (accent principal de la phrase) porte sur *ours* et le soulignement indique l'accent secondaire sur *fille*.

La PORTÉE DU focus d'une phrase donnée dépend du contexte. Pour montrer cette variabilité, Lambrecht (1994 : 221-238) propos trois types de structures de focalisation. En réponse à la question « Que s'est-il passé ? », le focus porterait sur toute la phrase (41) (FOCUS PHRASTIQUE). En réponse à la question « Qu'est-il arrivé à ma fille ? », le focus serait le prédicat *vient de tuer un ours* (FOCUS PRÉDICATIF ou « rhème »). En réponse à la question « Qu'est-ce que ma fille vient de tuer ? », le focus serait *un ours* (FOCUS ARGUMENTATIF). Le contexte permet de clarifier l'ambiguïté formelle de la portée du focus (Chomsky 1971 : 199ss ; Sperber et Wilson 1986 : 202ss).

---

[1] Cette définition repose sur les définitions du focus données par Lambrecht (1994 : 213 : information « où l'assertion diffère de la présupposition ») et Dik et al. (1981 : 42 : « ce qui est l'information qui par rapport aux autres est la plus importante ou la plus saillante dans le contexte »).

[2] Le focus peut également être une information déjà donnée, si le locuteur n'est pas certain que l'allocutaire l'ait bien comprise.

En français, les types de portée du focus proposés par Lambrecht répondent bien aux questions que nous venons de poser. Mais dans un texte, l'ordre des constituants varie souvent *dans un focus prédicatif* (RHÈME). Il est donc utile d'identifier comme focus de plus petits constituants. C'est pourquoi nous désignerons par « RHÈME PROPRE » les constituants focalisés plus petits (voir section 11.3).

11.2 Focus, thème, rhème et articulations des phrases

Examinons maintenant plusieurs phrases dont les types d'articulation diffèrent (Andrews 1985 : 77ss).

Dans les phrases avec une articulation THÈME-RHÈME : le thème est l'élément principal de l'énoncé (Dik 1978 : 130), alors que le focus prédicatif porte sur une partie ou la totalité du rhème. L'exemple (41) a une articulation « thème-rhème », *ta fille* étant le thème et *vient de tuer un ours* étant le rhème (focus prédicatif). Dans la plupart des langues, le thème est en général placé avant le rhème dans les phrases ayant une articulation « thème-rhème » (le hixkaryana est une exception, voir Derbyshire 1985). Il n'existe apparemment aucune langue dans laquelle un nouveau thème (inactif) apparaît en fin de phrase (Gundel 1988 : 229). Nous reviendrons plus en détail sur la notion de « thème » dans la section 11.4.1.

Comrie (1989 : 62) définit le focus et le thème comme des RÔLES PRAGMATIQUES, appelé ainsi par analogie aux rôles sémantiques d'agent et de patient. On les appelle aussi fonctions pragmatiques (Dik 1978 : 128) ou relations pragmatiques, par analogie aux relations grammaticales.

Les phrases ayant une articulation PRÉSENTATIVE servent à « introduire une entité dont le rôle sémantique est habituellement exprimé par la fonction sujet » (Andrews 1985 : 80 ; Lambrecht 1994 : 39 et Givón 1990 : 742ss). C'est généralement sur cette entité que se trouve le noyau intonatif. Dans l'exemple suivant, le locuteur veut introduire (activer) l'entité « ours » :

(42) Il y a un OURS là-dedans !

La plupart des langues comportent ce type de phrases présentatives dans lesquelles un groupe nominal est précédé d'un verbe d'état, d'apparition ou d'émergence.

Il existe cependant des phrases présentatives qui n'ont pas de syntaxe spécifique :

(43) (Attention !) La CHEMINÉE est en train de s'écrouler !

Pour Cruttenden (1986), la phrase (43) est une PHRASE-ÉVÉNEMENT : elle décrit un événement tout en étant introductive, comme si le fait d'attirer l'attention sur le sujet « cheminée » permet également d'attirer l'attention sur l'événement. Dans les phrases (42) et (43), c'est sur le sujet (notionnel) que se trouve le noyau intonatif, mais l'ensemble de la phrase introduit une information nouvelle (Cruttenden 1986 : 83 ; Lambrecht 1994 : 143-144).

Il existe enfin des phrases avec une articulation FOCUS-PRÉSUPPOSITION (Chomsky 1971 : 199ss ; Andrews 1985 : 79-80 ; Givón 1990, chapitre 16)[3] : un seul concept est explicitement dit, les autres informations étant présupposées. Le contenu focalisé vient alors combler un emplacement au sein d'une structure propositionnelle déjà activée. En réponse à la question « Qu'est-ce que ma fille vient de tuer ? », la phrase (41) aurait une articulation focus-présupposition. La présupposition serait alors « Ta fille vient de tuer X », X étant un emplacement vide dans la représentation mentale de l'allocutaire.

Dans les phrases de type focus-présupposition, il y a souvent un focus argumentatif. Elles ont souvent une syntaxe, une morphologie ou une intonation particulière (on les appelle parfois « constructions à focus marqué », voir Crozier 1984)[4]. Quand des langues disposent de plusieurs constructions pour les focus argumentatifs, elles ne s'emploieront pas dans les mêmes conditions d'utilisation (Givón 1990 : 704). Dans la plupart des langues le focus argumentatif se trouve simplement antéposé (et porte le noyau intonatif). La phrase suivante n'est pas très naturelle en français, surtout si le focus est une information nouvelle et indéfinie :

(44)   Focus | Présupposition

? Un OURS   ta fille a tué.

Nous avons cependant en français la possibilité d'exprimer le même effet pragmatique à l'aide d'une syntaxe spécifique :

(45)   Focus | Présupposition

C'est un OURS   que ta fille a tué.

On appelle cette phrase (45) une phrase CLIVÉE : elle est composée de deux propositions, la première contenant l'élément focalisé. « Toutes les langues ont des constructions clivées » (Gundel 1988 : 231).

En français l'intonation suffit souvent à indiquer le focus :

---

[3] Il faut ici comprendre « présupposition » au sens pragmatique du terme : dans une phrase déclarative, une information présupposée sur le plan pragmatique est ce que le locuteur présume que l'allocutaire acceptera sans que cela n'ait été explicitement dit (Givón 1984 : 256).

[4] On l'appelle parfois le « focus étroit » par opposition au « focus large » (Cruttenden 1986 : 81). La distinction à trois caractéristiques que nous avons adoptée ici est plus utile.

(46) Focus | Présupposition

     Ta FILLE   a tué cet ours.

Le focus en (46) est clair car le centre de l'intonation n'est pas à sa place par défaut, comme dans (47).

(47) (Je n'ai pas dit « *pierre* »,)

     J'ai dit « BIÈre ».

Dans l'exemple (47), le focus se résume à une seule syllabe entourée de la présupposition. C'est aussi un exemple de focus contrastif (voir 11.5).

Dans les phrases de type focus-présupposition, en général, le locuteur accentue peu la présupposition, du fait que cette dernière est normalement une information déjà donnée (et activée). La présupposition est même souvent raccourcie, voire totalement supprimée :

(48) (Qui a tué cet ours ?)

     a.   Focus | Présupposition

           Ta FILLE   l'a tué.

     b.   Focus | Présupposition

           Ta FILLE   Ø.

Le focus, en revanche, ne peut pas être élidé car l'énoncé ne parviendrait pas alors à exprimer l'élément à communiquer.

11.3 Les indicateurs fréquents de focus

En français comme dans la plupart des langues, le noyau intonatif (c.-à-d., l'accent le plus important de la phrase) se trouve toujours sur le constituant focalisé (Gundel 1988 : 230). Seules quelques langues, souvent des langues tonales, n'utilisent pas l'intonation pour indiquer le focus[5]. A l'écrit, on utilise parfois l'italique ou le soulignement. De façon générale, la structuration pragmatique pose problème à l'écrit, non seulement parce que les marqueurs oraux sont absents ou grossièrement représentés, mais aussi parce que la structure de l'information est généralement plus complexe (Chafe 1985b : 111–112).

---

[5] Dans certaines langues tonales d'Afrique de l'Ouest (par exemple, l'aghem, Watters 1979 : 138 ; l'ifè, Marquita Klaver, com. pers.), le focus n'est pas indiqué par un changement d'intonation. Il existe aussi au moins une langue non-tonale, l'hixkaryana du Brésil (Derbyshire 1985 : 146) dans laquelle le focus n'est pas non plus signalé par l'intonation.

En français, la position non marquée du noyau intonatif est le dernier mot de l'énoncé. On déplace parfois certaines expressions pour les mettre en position finale afin que l'accent tombe sur elles, ce qui fait d'elles le rhème propre (Bolinger 1952)[6]. Il semble que ce soit là la raison de la différence entre (49b) et (49a).

(49) a. J'ai donné un livre A JEAN.

   b. J'ai donné à Jean UN LIVRE.

Certaines langues signalent le focus au moyen de particules spécifiques, comme dans la phrase suivante en ifè, une langue yoburoïde du Togo (Marquita Klaver, com. pers.).

Dans la phrase (50) la particule *ní* indique un focus contrastif sur le pronom *òngu* « il » (opposé à quelqu'un autre).

(50) Focus | Présupposition

òngu **ní** dzé ìfó-mi é

3SG.EMPH **RHÈME** être aîné.frère-1SG.POSS DEF

« Il est celui qui est mon frère aîné. »

En fait, il s'avère que toutes les langues comportent des modificateurs à côté des focus argumentatifs, afin d'aider à les indiquer (Jackendoff 1972 : 249 ; Givón 1990 : 715). En français par exemple le modificateur *même* accompagne parfois le nom :

(51) Même PAUL n'en a pas mangé.

La plupart des langues proposent des constructions où un élément dans un focus argumentatif est suivi du reste de la phrase. C'est le cas de la construction clivée en français, dans l'exemple (45). Lorsque cela signifie que le focus argumentatif n'est plus à sa place habituelle dans la phrase, ont dit qu'il est ANTÉPOSÉ. Le focus est alors marqué par la position des constituants dans la phrase[7]. Il existe donc une POSITION ANTÉPOSÉE qui précède le NOYAU de la phrase (Van Valin 1993 : 5). L'élément antéposé fait cependant toujours de la syntaxe de la phrase. Il conserve par exemple les désinences casuelles. Il peut également avoir un autre rôle pragmatique autre que le focus : il peut, par exemple, constituer le thème (voir l'exemple ci-dessous).

---

[6] Plus généralement, les expressions peuvent être placées le plus à droite de la phrase qui soit permis par la langue afin qu'elles portent le noyau intonatif (Firbas 1964). Firbas appelle de telles expressions focalisées, des « rhèmes propres ».

[7] L'antéposition des constituants focalisés est presque un universel (Gundel 1988 : 231 et Givón 1990 : 727) ; le mambila et d'autres langues bantoues en sont les rares exceptions (Perrin 1994).

11.4 Structure globale

On associe en effet plus fréquemment la position antéposée d'un élément à sa proéminence ou à sa saillance qu'à un rôle pragmatique.

Certaines langues permettent l'antéposition de deux éléments à la fois : le premier est généralement le thème le plus saillant et le second un élément du focus argumentatif :

(52) a. Langues maya ; ici, le tz'utujil (verbe à l'initiale ; Aissen 1992 : 72, reprenant Dayley 1985) :

Thème / Pt de Dép| -----------------Focus-----------------

Ja	gáarsa	cheqe	ch'uu'	neeruutij
le	héron	uniquement	poisson	mange

« C'est uniquement du poission que le héron mange. » [litt. « Le héron, c'est uniquement du poisson qu'il mange. »]

b. Guaraní mbyá (S V Complément ; Dooley 1982 : 326) :

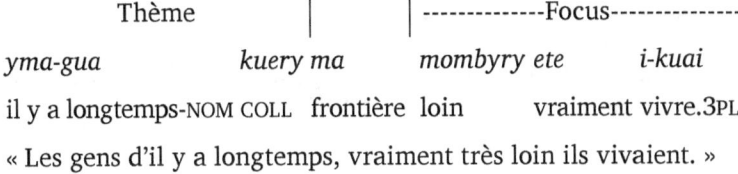

yma-gua	kuery ma	mombyry ete	i-kuai
il y a longtemps-NOM COLL	frontière loin	vraiment	vivre.3PL

« Les gens d'il y a longtemps, vraiment très loin ils vivaient. »

c. Grec koine (V S / V O ; Levinsohn 2000 : 37) :

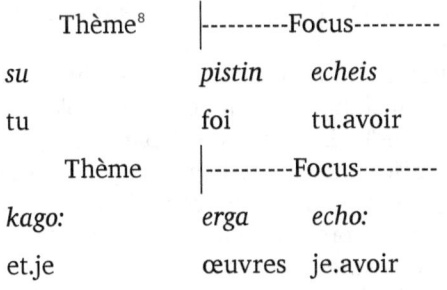

su	pistin	echeis
tu	foi	tu.avoir

Thème |----------Focus----------

kago:	erga	echo:
et.je	œuvres	je.avoir

« Toi, tu as la foi et moi, j'ai les œuvres » (Jacques 2.18)

11.4 Structure globale

Les trois types d'articulation décrits plus haut (thème-rhème, présentative et focus-présupposition) sont trois CONFIGURATIONS PRAGMATIQUES des propositions. Nous allons maintenant aborder d'autres éléments également importants pour la structuration pragmatique, à savoir les éléments disloqués

---
[8] Les thèmes sont contrastifs. Voir § 11.5.

(Radford 1988 : 530-533). Ceux-ci se trouvent hors de la proposition, mais dans la phrase. Ils se démarquent à la fois phonologiquement et syntaxiquement de la proposition par une courbe intonative propre et, parfois, en ne portant pas les désinences casuelles (Van Valin 1993 : 12ss).

Les éléments antéposés par DISLOCATION À GAUCHE peuvent être des apostrophes, des réponses brèves (oui, non), des exclamations et certains points de départ (voir section 11.4.1). Les éléments postposés par DISLOCATION À DROITE peuvent également être des apostrophes, mais aussi des questions interrogatives apparaissant en fin de phrase et des anacoluthes (voir section 11.4.2). Le schéma suivant (55), adapté de Van Valin 1993 (voir Dik 1978), présente la structure globale de la phrase :

(53)

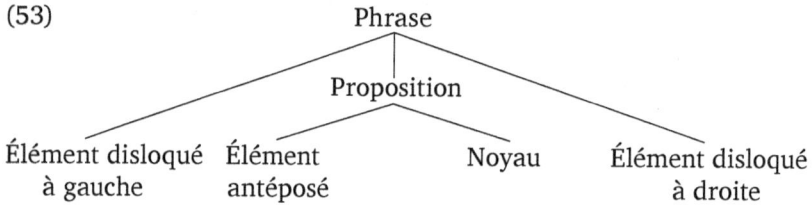

La dislocation d'éléments est un type d'expansion. Il peut y en avoir plusieurs à chaque position (Radford 1988 : 532-533).

11.4.1 Point de départ

On appelle POINT DE DÉPART (Beneš 1962, cité dans Garvin 1963 : 508) un élément initial, souvent antéposé par dislocation à gauche, qui permet d'ancrer là où les propositions qui suivent à quelque chose qui fait déjà partie du contexte (c.-à-d., à quelque chose qui est accessible à l'allocutaire dans sa représentation mentale)[9]. Le point de départ « fixe le (nouveau) cadre spatial, temporel ou référentiel dans lequel la proposition suivante s'inscrit » (Chafe 1976 : 50)[10]. Il est à la fois tourné vers l'arrière, en ce qu'il situe le point d'ancrage dans la représentation mentale existante et tourné vers l'avant, en ce qu'il ancre la suite de la phrase.

Nous avions déjà mentionné à la section 7.4 que les points de départ spatio-temporels dans la narration indiquent souvent le commencement d'un regroupement thématique. Reprenons les exemples (29) et (31) à la lumière de ce que nous venons de voir :

---

[9] Le point de départ peut aussi être inclus dans le thème d'une phrase (Levinsohn 2000 : 10-11), qu'il soit antéposé par dislocation à gauche ou simplement antéposé (voir la suite).

[10] Chafe (1987 : 36) emploie le terme de « starting point » pour le point de départ.

11.4 Structure globale

(29) Pt de dép. temporel

« Puis, **un beau jour**, la commune fit jeter toutes ces masures à bas [...] »
(Appendice A, phrase 21)

(31) Pt de dép. spatial

« **Dans le pays** on pensait que le vieux meunier, en renvoyant Vivette, avait agi par avarice [...] » (Appendice A, phrase 34)

Les points de départ et les autres éléments disloqués à gauche ont généralement leur propre courbe intonative et un accent secondaire de phrase.

L'exemple (56) est tiré du mandarin (Li et Thompson 1976 : 462). Le premier groupe nominal « ces arbres » établit un point de départ animé. La proposition qui suit ce groupe nominal a une articulation de type thème-rhème :

(54) | Pt de dép. référentiel | | Thème | Rhème |
|---|---|---|---|
| ***Neì-xie*** | ***shùmu*** | *shù-shen* | *dà* |
| ces | arbre[s] | tronc d'arbre | gros |

« Ces arbres, les troncs sont gros. »

Aissen (1992 : 47) appelle les groupes nominaux antéposés par dislocation à gauche des « THÈMES EXTERNES » et les thèmes internes à la proposition, des « THÈMES INTERNES ». Selon son raisonnement, « ces arbres » dans l'exemple ci-dessus est un thème externe tandis que « tronc d'arbre » est soit un thème interne, soit un sujet. Nous considérons ici que les thèmes externes sont un des types de points de départ.

Le point de départ et le thème se réfèrent tous deux à un élément accessible pour l'allocutaire, de façon à ancrer la proposition (ou le noyau de la proposition) à cette place dans la représentation mentale (Chafe 1987 : 37 ; Lambrecht 1994 : 162ss). En particulier, un THÈME (interne ou externe) pointe vers un nœud d'entités qui sera le point d'ancrage de tout le reste de l'énoncé (Linde 1979 : 345 ; Reinhart 1982 : 24). Ce point d'ancrage doit donc impérativement être localisable, c'est à dire, accessible. Vous remarquerez que l'accessibilité des points de départ temporels, spatiaux et individuels des exemples précédents : *un beau jour* (29), *dans le pays* (31) et *ces arbres* (54). L'accessibilité des thèmes (et points de départ) signifie, en général, qu'ils auront un statut défini ou générique plutôt qu'indéfini (Gundel 1988 : 231 ; Givón 1990 : 740). Ces similitudes et d'autres entre les thèmes et les points de départ font qu'il est pratique de les traiter comme une seule et même catégorie[11].

Il faut distinguer deux types de thèmes : le THÈME PHRASTIQUE, que nous traitons dans ce chapitre, et le THÈME DISCURSIF (Reinhart 1982 : 2). On appelle thème discursif ce dont traite le discours ou une partie de celui-ci alors qu'un thème phrastique est l'élément de la phrase que le locuteur indique comme étant ce dont parle la phrase (Tomlin et al. 1997 : 85), si elle en a un. Il peut y avoir des thèmes discursifs pour les différents niveaux discursifs : unité thématique, épisode ou texte entier. Il n'y a cependant qu'un seul thème phrastique par phrase.

Au niveau de la forme, ces deux types de thèmes se manifestent par des expressions ou autres traits structurels (avec la possibilité qu'il y est une présence zéro) qui construisent une référence[12]. Ces deux types se distinguent cependant par cette différence : le thème discursif, une fois introduit (activé) n'a besoin que de très peu de références linguistiques pour conserver son statut (voir chapitre 10 et chapitres 16–18), peu importe la structure syntaxique. Le thème phrastique, en revanche, doit être indiqué comme tel par la structure afin de le distinguer du rhème qui lui est associé. Cette distinction structurelle peut être de différentes natures. Au niveau de son agencement linéaire, la phrase est souvent formée de deux parties, thème et rhème, séparées en général par une pause ou l'interposition d'un élément dont la place est libre, tel qu'une particule ou une incise. Il existe un type de distinction structurelle, moins visible, si l'on présuppose quelque chose comme une structure phrastique générative, dans laquelle le sujet est un important constituant immédiat de la phrase. Grâce à cette séparation au niveau de la « structure profonde », on peut partir du principe qu'un sujet grammatical est le thème phrastique s'il satisfait le critère cognitif de référence à une entité accessible.

Il arrive qu'un élément soit à la fois thème discursif et thème phrastique. Ainsi, un thème phrastique qui est saillant sur le plan linguistique peut également être un thème discursif qui est introduit. À l'inverse, un sujet grammatical, exprimé par un pronom atone, un affixe ou par rien est presque toujours un thème discursif déjà activé. Par contre un affixe, un pronom atone ou rien qui ne sont pas sujet indiquent fort probablement un thème discursif qui n'est pas un thème phrastique. Un « nouveau » thème

---

[11] « Les thèmes ont également de nombreuses propriétés communes avec les expressions qui servent à « planter le décor » [...] qui précisent l'arrière-plan spatio-temporel de la phrase » (Reinhart 1982 : 169).

[12] Certains auteurs entendent par « thème discursif » ou « thème global » une proposition entière plutôt qu'un simple référent. Cette proposition résume alors le discours ou la partie du discours que l'on examine (Dijk 1977 : 131ss ; Brown et Yule 1983 : 68ss ; Tomlin et al. 1997 : 83ss). Les thèmes du discours dont nous traitons dans ce manuel sont plutôt référentiels que propositionnels.

phrastique, activé pour une seule phrase, n'est certainement pas un thème discursif, sinon à minima.

11.4.2 Les anacoluthes

Certains éléments postposés par dislocation à droite sont « destinés à clarifier ou à modifier (certains constituants de) la proposition principale » (Dik 1978 : 153). Voici un exemple cité par Dik :

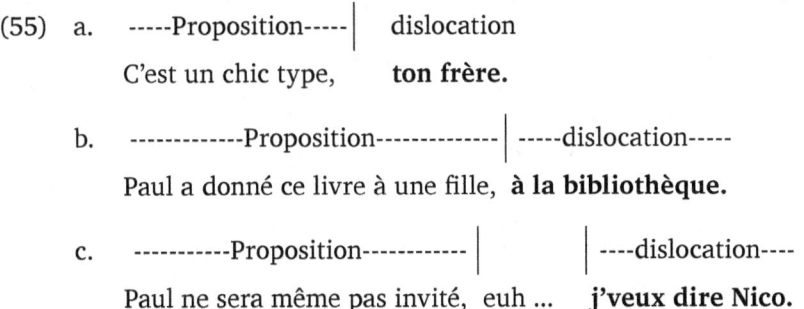

En (55c) l'anacoluthe est un « procédé de réparation » alors qu'en (55b) il s'agit peut-être d'une réflexion « après coup » (Givón 1990 : 760-762). Dans de nombreuses langues, la dislocation de groupes nominaux en fin de phrase comme dans l'exemple (55a) est une construction régulière et délibérée (Derbyshire 1985 : 101-104). Celle-ci est donc peut-être le résultat d'une grammaticalisation d'expressions finales « réparatrices ». En hixkaryana, les sujets en fin de proposition qui constituent des thèmes internes à la proposition viennent historiquement d'anacoluthes sous forme de groupes nominaux (Derbyshire pp. 103-104) :

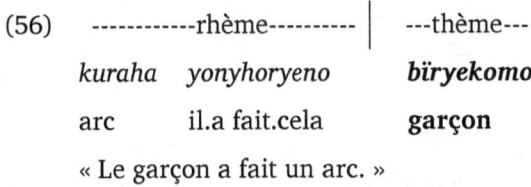

« Le garçon a fait un arc. »

Même si ces anacoluthes ont leur propre courbe intonative (comme tout autre élément faisant l'objet d'une dislocation à droite), leur accent est en général prononcé sur une note plus grave.

11.5 Le contraste

Comme nous l'avons déjà dit, en général, le contenu focalisé soit est une information nouvelle, soit est une modification (remplacement ou choix entre plusieurs alternatives) des éléments déjà présents dans une structure propositionnelle activée. Les exemples (42), (45) et (46) illustrent l'ajout d'une information. La modification, elle, implique la notion de CONTRASTE.

Un énoncé contrastif (appelée C dans la suite de cette étude) présente une ou plusieurs différences par rapport à la structure propositionnelle déjà activée (appelée P). Lorsqu'il ne comporte qu'une SEULE DIFFÉRENCE par rapport à P, on appelle C un contraste simple. S'il en comporte DAVANTAGE, on l'appelle contraste double ou multiple. (Cette terminologie est une adaptation de celle de Chafe 1976. Le contraste double ou multiple est aussi appelé « contraste parallèle » dans Dik et al. 1981). Quel que soit le type de contraste, c'est l'une des différences entre C et P qui devient le focus de C.

Dans le cas du CONTRASTE SIMPLE, c'est cette différence qui constitue le focus de C (Givón 1990 : 699) et constitue en fait un focus restreint. Dans la représentation mentale, l'élément C a pour rôle soit de remplacer celui d'un emplacement de P (lors de la correction d'une information, par exemple), soit de sélectionner un élément parmi d'autres possibles pour remplir un emplacement vacant. Dans l'exemple suivant que nous avons déjà cité, C vient remplacer le contenu d'un emplacement de P.

(47) (Je n'ai pas dit *pier*re,)
     J'ai dit BIÈre.

Dans l'exemple (47), P est « j'ai dit Xre », avec X une variable syllabique ! Le contenu existant est la syllabe *pier-* ; son remplaçant est la syllabe *biè-*[13].

Dans l'exemple (57b), C opère un choix entre deux éléments pour remplir l'emplacement vacant dans la représentation mentale de l'allocutaire :

(57) a.   Est-ce mon fils ou ma fille qui a tué l'ours ?
       (P) 'X a tué l'ours ; ' X = 'mon fils' ou 'ma fille'.
   b.   (C) Ta FILLE.

On observe que C, dans l'exemple (57), le focus restreint est structuré, sur le plan formel, de la même façon que celui de l'exemple (48). Néanmoins, (48), une réponse à la question « Qui a tué l'ours ? », n'est pas contrastif : la proposition sous-jacente comporte un emplacement vacant, mais qui ne contient pas une liste explicite de possibilités. L'exemple (57), par contre, opère une sélection dans une liste activée de possibilité[14].

---

[13] Le schéma intonatif particulier de la première proposition de (48) indique un focus anticipé ou temporaire (Levinsohn 2000 : 55–56).

[14] Nous avons choisi des exemples qui illustrent clairement les différentes notions abordées. Dans la réalité, les limites entre les statuts d'activation sont floues.

11.5 Le contraste

On parle de CONTRASTE DOUBLE, lorsque deux emplacements de P sont comblés et que C fournit de nouvelles possibilités de remplissage. Un des deux points de différence avec P est choisi comme focus de C ; l'autre sert généralement de thème ou de point de départ et sa courbe intonative est diminuée, sinon séparée du reste de la proposition. Observons en (58) trois phrases contiguës tirées d'un discours tzotzil (langue maya) (Aissen 1992 : 49) :

(58) a. « Il y avait un homme et une femme, jeunes mariés. »

b. « Le mari s'en va, il part, il voyage. »

c. Thème / Pt de Départ | ---------- Rhème ----------

    a   *ti*   *antz-e*   *jun=yo'on*   *ta=xkom* ...

    THÈME DET femme-ENCLITIQUE volontiers reste

« L'épouse reste à la maison, volontiers ... »

En (58b), les deux emplacements remplis de la proposition P sont le sujet « le mari » et le prédicat « s'en va, part, voyage ». P est exprimée en (58b) et a la même articulation thème-rhème que C (58c). P et C ont la même structure propositionnelle « X +Y présent de l'indicatif ». Dans C, X devient le thème et Y le focus. Dans ces deux emplacements, C remplace les éléments de P.

Notons cependant que lorsque le contraste est double, il n'est pas nécessaire que P et C aient la même configuration pragmatique (Cruttenden 1986 : 91). En effet, comme nous l'avons déjà dit, il n'est pas nécessaire du tout que P soit verbalisé. L'exemple (59) est la ligne 3 du texte de Chafe 1987 :

(59) Je me souviens ... euh—d'une grande classe d'étudiants que j'avais.

En (59), « le locuteur met en contraste ses propres connaissances avec ce que le locuteur précédent vient de dire » (Chafe, 27-28). On pourrait envisager la proposition P comme « Toi, le locuteur précédent, tu viens de te souvenir d'une expérience, lors de tes années de fac » (les termes réels de P n'ont aucune importance, ces informations n'étant probablement pas conservées verbalement). Les deux différences sont le sujet (« tu » / « je »), et d'autre part le verbe et son complément « ce dont tu te souviens » / « ce dont je me souviens ». Là encore, notez que chaque position a fait l'objet d'un remplacement.

La distinction entre un « contraste simple » et la configuration « focus-présupposition » avec apport d'une information nouvelle peut également être floue (voir Givón 1990 : 703).

11.6 Les marqueurs de la structuration globale

On identifie la structuration pragmatique en partie grâce à des éléments du contexte, en partie grâce à des éléments linguistiques. C'est à ces derniers que nous allons maintenant nous intéresser.

Les marqueurs intonatifs du focus et de la présupposition sont largement prévisibles à partir du statut d'activation des éléments suivants : le focus contient le noyau intonatif alors que les constituants de la présupposition sont peu, voire pas du tout accentués. Les éléments disloqués, avec leurs propres courbes intonatives (et souvent un accent secondaire), présentent une proéminence phonologique intermédiaire et leur rôle consistant à transférer un lien cohésif présente un intérêt intermédiaire entre le focus et la présupposition. Les thèmes internes ont parfois leur propre courbe intonative et portent un accent secondaire, en fonction de leur statut d'activation.

Des courbes intonatives distinctes permettent d'indiquer les limites entre les constituants. Elles s'accompagnent souvent d'une pause qui est soit laissée vacante, soit occupée par un morphème (Cruttenden 1986 : 36ss), dont les SPACERS (Dooley 1990 : 477ss, Moirand 1995 : 85). Il s'agit souvent de brèves expressions qui portent peu ou pas d'accent, dont le sens s'applique à toute la phrase. Les spacers indiquent en général le temps, l'aspect ou le mode. Ils peuvent avoir une place grammaticale par défaut (après le verbe, par exemple) ou être entre des constituants ayant des rôles pragmatiques distincts. Leur présence sert alors à indiquer les limites entre ces constituants. Souvent, les spacers se trouvent après le focus ou le thème / point de départ. L'exemple (60) montre des spacers en guaraní mbyá, notamment la particule *je* « dit-on » (comme dans l'exemple (41), les majuscules montrent le noyau intonatif et le soulignement indique l'accent phrastique secondaire) :

(60) a. [Des hommes discutaient du fait qu'un colporteur leur avait dit de ne pas mettre dans un enclos leurs poules. Ils ont décidé d'appliquer ses conseils :]

Thème		Rhème	
uru	*je*	*nha-mboty*	EME
poulet	**dit-on**	1+2-enfermer	prohibitif

« Pour les poules, comme il a dit, mieux vaut ne pas les mettre dans un enclos ! »

b. Un groupe de Mbyá étaient partis pour un long voyage.

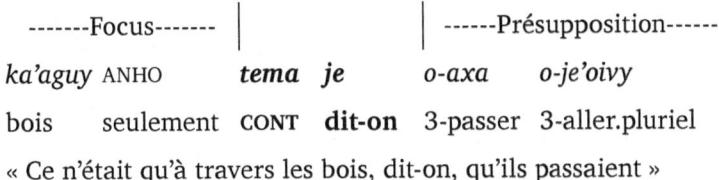

ka'aguy	ANHO	**tema**	**je**	o-axa	o-je'oivy
bois	seulement	CONT	dit-on	3-passer	3-aller.pluriel

« Ce n'était qu'à travers les bois, dit-on, qu'ils passaient »

c. Notre père et son rival marchaient. Le rival se mit derrière alors que

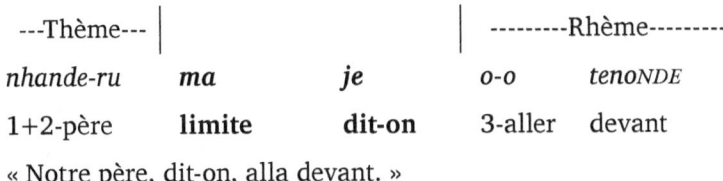

nhande-ru	**ma**	**je**	o-o	teno*NDE*
1+2-père	limite	dit-on	3-aller	devant

« Notre père, dit-on, alla devant. »

Dans l'exemple (60a) la particule *je*, « dit-on » se trouve entre le thème (complément d'objet direct antéposé *uru* « poulet ») et le rhème. Dans l'exemple (60b) la particule *je* ainsi que la particule aspectuelle *tema* « continuellement » se trouvent entre le focus et la présupposition. En (60c), les éléments sont dans l'ordre ordinaire S – V – C mais le thème (sujet) est tout de même indiqué comme le point de départ d'un contraste double par les spacers (*ma*, « limite » et *je*) et l'accent secondaire. Ici, le sens des termes *je* et *tema* ne dit rien de la structure pragmatique ; c'est leur place qui en indique les limites.

11.7 Les structurations marquées ou non marquées

Certaines configurations pragmatiques peuvent donner lieu à plusieurs interprétations, devenant ainsi des constructions par défaut, ayant un but général. D'autres, en revanche, ne servent qu'à produire des effets pragmatiques spécifiques. On appelle les premières des configurations NON-MARQUÉES et les secondes des configurations MARQUÉES[15]. Les configurations non-marquées transmettent les informations en « pilote automatique » : les informations nouvelles viennent s'ajouter les unes après les autres, à la représentation mentale habituelle, de façon prévisible. Les configurations marquées sont une manière de procéder plus « adaptée à la situation » :

---

[15] Les configurations marquées se limitent généralement aux propositions principales (Green 1976, note cependant que cela peut varier selon la langue, le type de constructions et les conditions pragmatiques). Par conséquent, lorsque les considérations pragmatiques provoquent des changements morphosyntaxiques, ces changements apparaissent d'abord dans les propositions principales et seulement ensuite (le cas échéant) dans les propositions subordonnées.

on les emploie lorsque le transfert des informations sort de l'ordinaire (information entrante à ajouter à une autre partie de la représentation mentale, peut-être ; le locuteur craint qu'une idée fausse s'est glissée dans la représentation mentale et doit être corrigée, peut-être) (voir Givón 1982).

Avant de discuter de la différence entre constructions marquées et non-marquées dans une langue, il faut souligner que, quelle que soit la langue, la façon par défaut de présenter l'information dans les quatre grandes catégories de genre examinées dans la section 2.1 (narratif, procédural, comportemental, d'exposition) est avec la configuration thème-rhème (Levinsohn 2023b : § 2.2.1). En revanche, c'est la construction focus-présupposition (dans cet ordre) qui est souvent la configuration la plus fréquente dans une conversation informelle (Chafe 1985a). Faute de faire cette distinction, on en a été amené à faire de fausses affirmations à propos des configurations marquées et non-marquées de certaines langues[16].

Payne (1992 : 4) considère que « de manière générale, il semble qu'il n'y ait que deux principes ordonnateurs : le principe syntaxique et le principe cognitivo-pragmatique. Toute langue est sensible prioritairement soit à l'un soit à l'autre de ces principes, ou peut présenter un mélange plus équilibré des deux. »

Dans les langues BASÉES SUR LE SYNTAGME comme le français, des règles grammaticales dictent l'ordre des constituants de la proposition, des raisons extragrammaticales en temps réel n'influant sur cet ordre que très rarement. (On les appelle aussi langues à ordre fixe ou rigide). Typiquement, ces langues placent le sujet avant le verbe, particulièrement s'il est le thème. D'où le fait que la configuration non-marquée thème-rhème est sujet-prédicat (Lambrecht 1994 : 126). Dans ces langues, les autres configurations, comme les constructions focus-présupposition et les présentatives, sont donc marquées et elles sont alors employées dans un but précis. C'est également le cas de la construction « THÈME MARQUÉ -RHÈME » (terme employé par Mithun 1987 : 325), où il est indiqué linguistiquement que le thème est le point de départ. C'est ce qui passe, par exemple, avec l'antéposition, comme en (61) :

(61) Thème / Pt de Dép. | ---------Rhème-------

L'**ours**,   ta FILLE [l']a[17] tué.

---

[16] Voir, par exemple, la suggestion que, dans les langues basées sur la pragmatique, la configuration non marquée peut être l'une dans laquelle les constituants « apparaissent en ordre décroissant selon la valeur des informations qu'ils contiennent » (Mithun 1987 : 325). Chafe (1984a : 15) dit que le corpus pour son article sur le débit d'information dans Sénèque était « un échantillon de 830 unités intonatives dans une conversation informelle ».

[17] En français, dans cette construction à thème marqué, le thème doit être repris à sa place par un pronom : « L'ours, ta fille l'a tué » (Jacques Nicole, com. pers.).

Dans l'exemple (61), le thème ou point de départ *l'ours* est le complément d'objet direct. La virgule indique une pause intonative (le thème fait l'objet d'une dislocation à gauche), fréquente dans cette configuration.

Dans les langues où le thème / point de départ se trouvent déjà par défaut en position initiale, il peut être indiqué par une courbe intonative distincte, un accent secondaire et des spacers (60c). Les constructions à thème marqué sont réservées aux contrastes doubles (voir précédemment) ou aux changements de thèmes secondaires dans un champ référentiel déjà établi, ces deux configurations entraînant un changement de nœud (Aissen 1992 : 76s). Pour les thèmes marqués, l'ordre thème-rhème est attesté comme la norme quelles que soit les langues, montrant ainsi que le thème est aussi le point de départ.

Dans les langues BASÉES SUR LA PRAGMATIQUE (où l'ordre des mots est libre ou flexible) l'ordre des mots est moins souvent dû à des conditions strictement syntaxiques. Il dépend par contre fortement de facteurs pragmatiques.

Dans bien des langues basées sur la pragmatique, la configuration la moins marquée et la plus neutre peut être une configuration dans laquelle l'ordre des constituants se conforme au « principe du flux naturel d'information » (Comrie 1989 : 127–128). « Quand ce principe est suivi, les constituants non-verbaux qui transmettent une information ÉTABLIE précèdent ceux qui transmettent une information NON-ÉTABLIE » (Levinsohn 2023a : § 4.2.1.

Dans quelques langues basées sur la pragmatique, le verbe constitue souvent une proposition à lui seul et, dans des textes narratifs, il est fréquent que le sujet-thème exprimé au moyen d'un nom ou d'un syntagme nominal suive le verbe (Longacre 1995 : 332). Parmi ces langues se trouvent les langues du groupe otomang du Mexique, les langues austronésiennes nord-ouest des Philippines, l'hébreu ancien et le grec koine[18]. Les configurations marquées dans beaucoup d'entre elles sont la mise en avant du sujet thématique ou d'autres constituants qui peuvent ainsi fonctionner comme points de départ, et la mise en avant de constituants focaux pour les rendre plus proéminents non seulement quand la articulation est focus-présupposé ou présentative, mais aussi quand un commentaire (le rhème) est fait à propos du thème (voir Levinsohn 2000, chapitres 3 et 4 pour le grec koine).

11.8 La fonction discursive des configurations

Les langues semblent différer selon les critères discutés dans la section 11.7, mais il apparaît clairement que certaines correspondances entre les configurations pragmatiques et les fonctions discursives sont fortement prévisibles entre les langues. Le tableau suivant résume certaines des corrélations quasi-universelles (Andrews 1985 ; Gundel 1988 ; Givón 1990):

---

[18] Voir Levinsohn 2023a : § 0.3 pour des illustrations de l'ordre verbe-sujet dans des textes narratifs de ces langues.

(62) Corrélations des configurations et des fonctions du discours

Configurations	Fonctions discursives fréquentes
Point de départ	Début de regroupement thématique
	Contraste double
Thème non marqué + rhème	Maintien du thème établi
Thème marqué / point de départ + rhème	Changement de thème secondaire
	Contraste double
Présentative	Introduction d'entités importantes
Focus + presupposition	Contraste simple
	Ajout d'une information nouvelle dans une structure donnée
Dislocation à droite	Clarification, pensée après-coup

11.8 La fonction discursive des configurations

Concepts Clés :
structuration pragmatique des phrases
focus
    portée du focus
        avec la articulation thème-rhème : focus prédicatif dans le
            rhème : rhème propre
        avec la articulation présentative : focus phrastique
        avec la articulation focus-présupposition : focus argumentatif
            focus marqué
            phrase clivée
thème
    thème discursif
    thème phrastique
rôle pragmatique
structure globale de la phrase
    éléments antéposés par dislocation à gauche
    éléments postposés par dislocation à droite
point de départ
    thème externe
    expressions adverbiales au début de la phrase
dislocation à droite
contraste
    contraste simple
    contraste double
structuration marquée ou non-marquée
    construction thème marqué / point de départ — rhème
type d'information focalisée : nouvelle ou contrastive
spacers
langue à orientation syntaxique ou à orientation pragmatique
    langues dont l'ordre des mots est fixe ou rigide
    langues dont l'ordre des mots est libre ou flexible
fonctions discursives les plus fréquentes pour les différentes
        configurations

12
Les informations de premier plan et les informations d'arrière-plan

12.1 Le premier plan et l'arrière-plan

Imaginons quelqu'un qui verse de l'eau sur une surface inégale. Par endroit, l'eau va s'accumuler un instant sans trop se répandre avant de brutalement s'écouler. C'est aussi ce qui se passe dans les représentations mentales. Dans un texte, certains passages peuvent commenter quelque chose qui a déjà eu lieu pour préparer l'allocutaire à la suite ou apporter une information complémentaire sur quelque chose qui vient d'être mentionné. À certains endroits, une partie de la représentation mentale est complétée ou consolidée, sans qu'il ne lui soit ajouté de parties nouvelles importantes. D'autres passages en revanche, vont étendre la représentation mentale dans de nouvelles directions.

Les informations qui étendent la représentation mentale s'appellent des INFORMATIONS DE PREMIER PLAN tandis que les autres s'appellent des INFORMATIONS D'ARRIÈRE-PLAN. S'il n'y a que des informations de premier plan, toutes les grandes lignes de la représentation qui en résulte seront là, mais celle-ci sera sommaire. Les informations d'arrière-plan facilitent la contextualisation interne et externe (voir section 5.2).

Les informations d'arrière-plan et de premier plan ont leur corollaire linguistique. Hopper et Thompson (1980 : 252) ont identifié une série d'éléments morphosyntaxiques comportant différents degrés de TRANSITIVITÉ (au sens plus large que celui d'avoir un complément d'objet direct) et que le tableau suivant récapitule. Dans un récit, la forte transitivité correspond au premier plan et la faible transitivité, à l'arrière-plan.

(63) Échelle de transitivité d'une proposition (A = agent, P = patient)

Type	Forte transitivité	Faible transitivité
Actants	2 ou plus, A et P	1 actant
	J'ai vu l'homme	*Je me suis fait mal à la main*
Cinématique	action	absence d'action
	J'ai serré Marie dans mes bras	*J'aime Marie*
Aspect	télique	atélique
	Je l'ai mangé	*Je suis en train de le manger*
Durée	ponctuel	duratif
	Je lui ai donné un coup de pied	*Je le portais*
Volition	volitif	non-volitif
	J'ai écrit ton nom	*J'ai oublié ton nom*
Assertion	affirmatif	négatif
	Je l'ai fait	*Je ne l'ai pas fait*
Mode	réel	irréel
	Je l'ai fait	*Je le ferais*
Force de l'Agent	A de fort pouvoir	A de faible pouvoir
	Georges m'a choqué	*Ce tableau m'a choqué*
Affectation du P	P totalement affecté	P partiellement affecté
	J'ai bu le lait	*J'ai bu du lait*
Détermination du P	P fortement individualisé	P non individualisé
	Félix a bu la bière	*Félix a bu de la bière*

Prenons l'exemple (64) inspiré de Hopper et Thompson (1980 : 253) :

(64) a. Jérémie aime la bière.

   b. Jérémie a mis Sam à terre d'un coup de poing.

La transitivité de (64b) est bien plus forte que celle de (64a) parce que l'action est kinésique, télique[1], ponctuelle alors que P (*Sam*) est entièrement affecté et est fortement individualisé (c.-à-d., qu'il est référentiel, animé et est un nom propre). En raison de ces éléments, Hopper et Thompson prédisent que (64b) sera plus probablement une information de premier plan que (64a).

Néanmoins, bien qu'une corrélation apparaisse entre la morphosyntaxe transitive et les informations de premier plan dans un récit, cette corrélation entre un paramètre unique et le premier plan n'est que partielle. La relation avec la connaissance de base peut être indirecte, en corrélation plus étroites avec d'autres facteurs (DeLancey 1987 : 54–55)[2].

12.2 Les événements

La distinction entre les informations de premier plan et celles d'arrière-plan donne un choix binaire. Grimes (1975) affine ces distinctions, du moins pour le texte narratif.

La distinction entre événement et non-événement est la première faite dans l'analyse du discours » (Grimes, 35) ; c'est une façon de parler du contraste entre premier plan et arrière-plan pour le texte narratif[3]. Un ÉVÉNEMENT est une action ou quelque chose qui se produit qui étend la structure de la représentation mentale. L'événement est présenté comme se produisant à un moment donné et dans un lieu précis. Il fait généralement partie d'une suite d'événement[4]. Dans l'appendice A, les événements des phrases 73 à 77 sont : *Les enfants revinrent* (73), *je courus chez les voisins, je leur dis la chose en deux mots, et nous convînmes ...* (75) *et Tout le village se met en route, et nous arrivons là-haut avec une procession d'ânes chargés de blé, du vrai blé, celui-là* (77).

Les événements dans un récit forment ce qu'on appelle parfois la TRAME (de l'histoire, principale, chronologique). La trame est le premier plan, la structure élémentaire de la contextualisation interne.

Il est souvent utile de faire la distinction entre deux types d'événements, qu'à la suite de Huisman (1973), nous appellerons ici principaux et secondaires.

---

[1] L'aspect télique (ou complétif) montre le procès d'une action comme ayant « un terme clair » (Crystal 1997 : 347).
[2] Callow (1974 : 56) constate une autre complication : « des éléments susceptibles d'avoir une fonction d'arrière-plan dans un récit peuvent être thématiques dans [...] un autre type de discours. » Pour une étude de ce point, voir Levinsohn 2000 : 169.
[3] Dans d'autres terminologies, cette distinction est parfois appelée le contraste entre ce qui est thématique et ce qui ne l'est pas, entre principal et secondaire ou encore entre support et apport.
[4] Les définitions des informations de premier plan dans un texte narratif ont tendance à mettre l'accent sur la stricte succession temporelle de la narration (Thompson 1987) ou sur les notions d'importance et de saillance (Dry 1992).

En général, les ÉVÉNEMENTS PRINCIPAUX sont plus saillants au niveau de l'information que les ÉVÉNEMENTS SECONDAIRES. Selon les langues, ce qui permet de distinguer ces deux types d'événements variera. Ainsi en angaataha (langue de Papouasie-Nouvelle-Guinée), c'est le verbe qui indique cette distinction (pp. 30–31). Dans de nombreuses langues, cette distinction n'est pas systématique[5].

12.3 Les non-événements

Il existe différentes sortes de non-événements. Grimes (1975) en énumère six : orientation des actants, cadre spatio-temporel, explication, évaluation, hypothèse irréelle, information performative. Ces catégories ne s'excluent pas les unes les autres. Certaines informations appartiennent plus à l'une qu'à l'autre et ont plusieurs fonctions discursives. Assez souvent, un même énoncé comporte un mélange de plusieurs types d'informations, notamment dans les textes très travaillés.

LES ORIENTATIONS DES ACTANTS ONT pour but d'introduire, de réintroduire ou de décrire les actants. Il peut y avoir des non-événements concernant les actants avant que cela ne présente clairement un intérêt dans le récit. Pour les actants principaux, ces informations viennent souvent au début. Dans l'appendice A, ces informations sur les actants sont entre autres *Francet Marmaï, un vieux joueur de fifre, qui vient de temps en temps faire la veillée chez moi, en buvant du vin cuit* (phrase 1) et *C'était le moulin de maître Cornille, celui-là même où nous sommes en train de faire la veillée en ce moment. Maître Cornille était un vieux meunier, vivant depuis soixante ans dans la farine et enragé pour son état* (phrases 23–24). Voir les chapitres 16 à 18 pour une étude plus détaillée de la référence actancielle.

LE CADRE SPATIO-TEMPORELLE indique le lieu, le temps ou les circonstances dans lesquelles se sont produits les événements. Ainsi dans l'appendice A, on a, par exemple : *Autre temps, il s'y faisait un grand commerce de meunerie, et, dix lieues à la ronde, les gens des mas nous apportaient leur blé à moudre. Tout autour du village, les collines étaient couvertes de moulins à vent [...] Ces moulins-là, voyez-vous, faisaient la joie et la richesse de notre pays* (phrases 5–12). Dans ces énoncés, nous constatons que les informations spatio-temporelles vont souvent bien au-delà des circonstances les plus perceptibles « pour inclure le climat psychologique qui anticipe sur le début d'un événement dans un discours narratif » (Ochs 1997 : 196).

LES EXPLICATIONS ou commentaires clarifient ce qui vient de se produire et éventuellement en donnent la raison (cela peut être lié à la contextualisation soit interne, soit externe). Parfois, ce qui se produit peut être raconté en arrière-plan, surtout si c'est en dehors de la séquence chronologique des

---

[5] Les récapitulatifs, qu'ils soient au début ou à la fin d'un regroupement thématique, peuvent être des événements secondaires ou des non-événements. Quoi qu'il en soit, ils sont généralement présentés comme des informations d'arrière-plan.

événements proprement dits. Ainsi, dans l'appendice A, la phrase *C'était ce plâtras qu'il promenait le soir par les routes, pour sauver l'honneur du moulin et faire croire qu'on y faisait de la farine* (phrase 69) explique *Le soir, on rencontrait par les chemins le vieux meunier poussant devant lui son âne chargé de gros sacs de farine* (phrase 40).

L'ÉVALUATION est une expression de la contextualisation externe : « la thèse défendue par le récit [...] pourquoi il a été raconté et là où le narrateur veut en venir » (Labov 1972 : 366). Les évaluations peuvent aussi indiquer le ressenti du locuteur à propos d'un seul élément. Elles peuvent être DIRECTES, dans ce cas, le narrateur, pour ainsi dire « interrompra son récit, se tournera vers son allocutaire et lui dira quel est l'argument défendu » (Labov, 371), ou INDIRECTES, attribuées à un actant du texte, via ces paroles et ces actions. Les évaluations indirectes sont plus subtiles, mais souvent plus efficaces. Dans l'appendice A, *Pauvre moulin ! Pauvre Cornille !* (phrase 70) est l'exemple d'une évaluation directe alors que *Chose singulière* (phrase 64) est celui d'une évaluation indirecte.

Les HYPOTHÈSES IRRÉELLES (que Grimes appelle les « informations collatérales ») indiquent ce qui ne se produit pas ou ce qui aurait pu arriver pour souligner ce qui se passe réellement. Une des formes fréquentes de l'hypothèse irréelle est la négation (ceci ne s'est pas produit) ou les conséquences possibles. Cette dernière catégorie comporte les questions (*pouvait-elle s'échapper ?*), les désirs ou les projets (*il voulait s'échapper*) et les conflits ou les obstacles (*la corde l'empêchait de s'échapper*). Les conséquences possibles procurent au texte de forts liens cohésifs en attirant l'attention vers la suite du texte. Cela suscite l'intérêt de l'allocutaire car il veut savoir ce qui est réellement arrivé et comment.

Dans l'appendice A, *Cornille le sentait si bien qu'il n'osait plus venir s'asseoir sur le banc d'œuvre* (phrase 36) indique ce qu'il ne fait pas pour faire ressortir ce qu'il fait *Toujours il restait au fond de l'église, près du bénitier, avec les pauvres* (phrase 37).

Les INFORMATIONS PERFORMATIVES (Grimes, chapitre 5) traitent des éléments du contexte dans lequel le texte a été produit, notamment sur l'axe locuteur-allocutaire. Cela apparaît quand le locuteur parle à la première personne et s'adresse à l'allocutaire à la deuxième personne. Elles incluent également la morale, les conclusions et les applications aux allocutaires, ce qui dans certains cas est similaire aux évaluations.

12.4 Les marques des types d'informations

Pour l'analyste, les corrélations entre les marques linguistiques et le type d'information, même si elles sont partielles, sont précieuses. Voici quelques éléments concernant la relation entre d'une part le type d'information, et d'autre part l'aspect, la subordination et la conversation rapportée.

L'ASPECT est représenté dans la liste de Hopper et Thompson dans le tableau (63) et sa relation au discours est ensuite traitée dans Hopper 1992. « L'aspect PERFECTIF montre la situation comme un tout, sans tenir compte des contrastes temporels qui peuvent en faire partie [...] L'aspect IMPERFECTIF [...] attire l'attention sur la structuration temporelle interne de la situation » (Crystal 1997 : 283). Dans l'appendice A, on relèvera le passage de l'aspect perfectif (passé simple) aux phrases 73–77 (*revinrent, courus, dis, convînmes, se met, arrivons*) à celui imperfectif (imparfait) (phrases 78–84) (*était, pleurait, venait, disait, sanglotait*), avant de revenir à l'aspect perfectif à la phrase 85 (*arrivent, nous mettons*). L'aspect perfectif donne les informations de premier plan tandis que la nature de l'aspect imperfectif qui décrit l'état de Maître Cornille est d'être d'arrière-plan.

Les PROPOSITIONS SUBORDONNÉES contiennent le plus souvent des informations d'arrière-plan (Givón 1984 : 314 ; Thompson 1987) alors que les propositions principales présentent des informations d'arrière-plan ou de premier plan. Cela est compliqué quelque peu par deux éléments : premièrement, « de nombreuses langues n'ont pas une distinction morphosyntaxique claire entre les constructions coordonnées et celles subordonnées » (Givón 1990 : 848), et deuxièmement, les propositions subordonnées postnucléaires peuvent encoder des informations de premier plan (Thompson 1987 : 451). En français, les propositions postposées avec *quand* donnent très souvent les informations qui sont au moins aussi saillantes que celles de la proposition principale précédente. Dans l'histoire « Les trois petits cochons », par exemple, la proposition postposée avec *quand* dans *il cueillait des pommes **quand le loup est arrivé*** indique que la saillance de cet événement est très forte (voir Hwang 1990 : 69).

Dans la CONVERSATION RAPPORTÉE, on doit prendre en considération trois choses : l'acte de parler, le contenu du discours et l'événement dont on parle. L'acte de parler peut ou non être un événement (voir section 14.2) tandis que le contenu est souvent de type de non-événement. Cela se voit dans l'appendice A, phrases 81–83 : *Pauvre de moi disait-il. Maintenant, je n'ai plus qu'à mourir. Le moulin est déshonoré.* L'acte de parole est un événement qui se déroule au moment où *nous arrivons là-haut*. Le contenu est une hypothèse irréelle, une conséquence possible, qui, en fait, ne se réalisera pas, car une fois qu'il verra le grain, maître Cornille reprendra rapidement ses esprits et remettra en marche son moulin. (Dans certaines langues, les actes de citer une hypothèse irréelle sont indiqués comme des événements secondaires.) La réalisation de l'événement dont il est question peut être implicite. Des phrases telles qu'*il faut avant tout que j'aille donner à manger à mon moulin* (phrase 91) servent généralement à laisser penser, en l'absence d'indication contraire, que l'événement dont il est question, s'est réellement passé à ce moment-là (Grimes 1975 : 69–70).

12.5 Marquage

Normalement, le corps du texte N'EST PAS MARQUÉ comme proéminent. Aussi, la trame de l'histoire ou les événements de premier plan du récit ne comportent pas d'ordinaire de marqueur. Certaines phrases, cependant, peuvent être MARQUÉES comme apportant des informations particulièrement importantes, dit autrement, elles sont mises en relief. De même, d'autres phrases peuvent être marquées comme étant des informations d'arrière-plan. Elles apportent des informations secondaires.

La MISE EN RELIEF d'un énoncé (Wiesmann 2000 : 33) est faite le plus souvent en raison de son importance pour l'issue du récit ou pour son évaluation. Elle est indiquée par des marqueurs. Dans la phrase 50 de l'appendice A, par exemple, *voici comment* sert à faire ressortir l'épisode qui suit, qui décrit *pourtant tout se découvrit*. De même, *Ah ! le vieux sorcier ! Il faut voir de quelle manière il me reçut* (phrases 54–55) fait ressortir la suite, alors qu'une expression telle que *tout juste* [...] (phrase 62) sert à introduire un important développement de l'histoire. Dans de nombreuses langues, le locuteur se sert d'un syntagme nominal pour faire ressortir un événement clé (Levinsohn 2000 : 140).

Une proposition peut être indiquée comme faisant partie de l'ARRIÈRE-PLAN alors que, sans de telles indications, elle aurait été interprétée comme étant une information de premier plan. C'est ce que produit la conjonction *tandis que*, bien que son usage ne soit pas très fréquent dans les récits. Elle est similaire au grec koine, *mén*, que l'on trouve dans les récits et qui indique qu'une action est mise à l'arrière-plan par rapport aux événements qui suivent (Levinsohn 2000 : 170–171).

Concepts Clés :
premier plan / arrière-plan
transitivité
types d'information dans les textes narratifs
    événements principaux
    événements secondaires
    non-événements
        orientation des actants
        cadre spatio-temporel
        explication
        évaluation direct
        évaluation indirect
        hypothèse irréelle
        information performative
signaux des types d'information
    aspect perfectif
    aspect imperfectif
    proposition subordonnée
    conversation rapportée
mise en relief

13
Signaler les relations entre propositions

> À la rigueur, c'est assez facile de choisir entre « mais » et « et ». C'est déjà plus difficile d'opter entre « et » et « puis ». La difficulté grandit avec « puis » et « ensuite ». Mais, assurément, ce qu'il y a de plus difficile c'est de savoir s'il faut mettre « et » ou s'il ne faut pas.
> — Albert Camus, *La Peste*

Les enseignants en composition ont traditionnellement conseillés aux écrivains de rédiger leur œuvre autour une structure de propositions organisées hiérarchiquement. Les niveaux supérieurs servent alors de résumés de ce que nous avons appelé les regroupements thématiques. Vraisemblablement, si la hiérarchisation est réalisée en détail, les niveaux inférieurs correspondront étroitement aux phrases et aux propositions du texte. Une PROPOSITION LOGIQUE peut être considérée comme la contrepartie sémantique d'une proposition syntaxique (voir Crystal 1997 : 313).

Les propositions logiques comprenant la structure du contenu d'un discours entretiennent entre elles non seulement des relations hiérarchiques (comme nous les trouvons dans un résumé), mais aussi des RELATIONS SÉMANTIQUES spécifiques. Prenons (65), un court texte tiré du *Scientific American*, avec l'analyse de ses relations sémantiques tirée de Mann et Thompson (1987 : 13ss).

(65) Titre : La dioxine

    a. Crainte que la nocivité de cette substance pour la santé ou l'environnement soit erronée.

    b. Bien qu'elle soit toxique pour certains animaux,

    c. il manque des preuves confirmant ses effets graves à long terme sur les êtres humains.

Analyse :

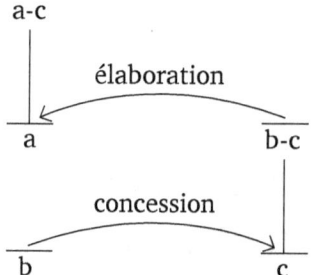

Le schéma (65d) se lit ainsi : Les propositions logiques *b* et *c* forment une unité qui est une élaboration de *a*. La proposition logique *b* est à son tour une concession à *c*. Tandis que la concession en (65) est explicitement codée par *bien que*, la relation de élaboration est implicite : il n'y a rien sur le plan linguistique qui signifie « élaboration ». Cependant, l'existence d'une certaine forme de relation sémantique entre (*a*) et l'unité (*b-c*) est sous-entendue par la juxtaposition de ces phrases.

Parmi les différentes listes ou catégories de relations sémantiques proposées, on trouve celles de Beekman, Callow et Kopesec 1981 ; Grimes 1975 ; Hobbs 1985 ; Larson 1984 ; Longacre 1996, chapitre 3 ; Mann et Thompson 1987. Il est conseillé au lecteur que cela intéresse de parcourir au moins l'une de ces listes.

Dans certaines d'entre elles, il y a une tentative d'intégrer un trait de proéminence relative. Ainsi, Mann et Thompson (1987 : 31–32), constatent que dans de nombreuses relations :

> un des membres de la paire [le noyau] est plus important pour la logique de l'auteur que l'autre [le satellite] [...] Si nous supprimons des unités qui ne servent que de satellites et jamais de noyau, le texte reste encore cohérent avec un contenu ressemblant à celui de l'original et qui est une sorte de synopsis de ce dernier.

C'est pourquoi les flèches en (65d) indiquent que ce qui est élaboré (la proposition logique *a*) est plus important que l'élaboration (*b-c*) et que ce qui est concédé (c) est plus important que la concession (b). Ce type de proéminence apparaît étroitement lié à la distinction premier plan / arrière-plan étudiée dans la section 12.1.

13.1 L'ordre préféré des propositions dans les langues VO et celles OV

Dans une étude marquante, Greenberg (1963) a montré qu'il y a une corrélation entre l'ordre normal de certaines paires d'éléments grammaticaux et l'ordre normal du verbe (V) et du complément d'objet (O). Ainsi, quand l'objet suit d'habitude le verbe (VO), la langue tend à avoir des *pré*positions, des verbes auxiliaires avant le verbe principal et un noyau nominal avant la proposition relative qui les modifie. En revanche, si l'objet précède d'ordinaire le verbe (OV), la langue tend à avoir des *post*positions, des verbes auxiliaires après le verbe principal et un noyau nominal après la proposition relative qui les modifie[1].

Roberts a trouvé que cette corrélation s'étend à l'ordre des propositions dans une relation de « proéminence naturelle inégale » (1997 : 20). Les langues prototypiques VO préfèrent mettre les propositions les plus proéminentes au début tandis que dans les langues prototypiques OV, c'est le contraire qui est préféré[2]. Il est normal, par exemple, que dans les langues VO, une proposition causale suive la proposition principale dont elle dépend, mais qu'elle précède la proposition principale dans les langues OV. De même, quand une affirmation est étayée par une dénégation, la proposition négative tend à suivre la proposition affirmative dans les langues VO, mais à la précéder dans les celles OV. Une illustration de ces préférences se trouve dans la comparaison de la ligne 27 de l'appendice B en français avec ce qui se dirait probablement dans une langue OV.

---

[1] Pour un raffinement des conclusions de Greenberg, voir Dryer 1992.
[2] Dans une langue prototypique VO, les constituants qui servent de noyau précèdent logiquement ceux qui ne le sont pas. Dans une langue prototypique OV, les constituants qui servent de noyau suivent logiquement ceux qui ne le sont pas. Voir aussi Levinsohn 1999. Même dans les langues prototypiques OV, il n'est cependant pas inhabituel pour les propositions adverbiales de but de suivre la proposition dont elles dépendent (Shin Ja Hwang, com. pers.).

(66) VO Proposition principale : ce que nous avons décidé de faire
    cause positive : car nous voulions aller à Omaha
    cause négative : et non passer toute la nuit à la gare de Minneapolis.
   OV cause négative : Nous ne voulions pas passer toute la nuit à la gare de Minneapolis
    cause positive : mais aller à Omaha.
    Proposition principale : Nous avons donc décidé que c'est ce que nous ferions.

Habituellement, quand on suit l'ordre préféré des propositions logiques, leurs relations sémantiques peuvent rester implicites, tandis que, si la langue permet un renversement de l'ordre des propositions, leur relation doit être explicitée. Dans l'original, la version VO de (66), par exemple, la cause positive est suivie de celle négative et la conjonction par défaut *et* est employée (voir plus loin). Mais quand l'ordre est renversé dans la version OV, c'est *mais* qui est employé.

13.2 Contraintes pesant sur les relations sémantiques

Quand les relations sémantiques ne sont pas codées explicitement et entièrement, il y a souvent des indices qui aident à restreindre le champ des interprétations possibles (Blakemore 1987 et 1992, chapitre 8). Voyons quatre types d'indices : l'intonation, l'ordre des éléments, les structures attendues et les marques morphémiques. (Ces marqueurs sont au-delà des marqueurs intonationnels et syntactiques — dont la juxtaposition — qui impliquent simplement que l'énonciateur vise un certain type de relations sémantiques.)

Certains schémas INTONATIFS indiquent la relation, d'autres peuvent faire l'objet d'un large éventail d'interprétations. Lisez les phrases suivantes avec une intonation montante pour la première proposition et descendante pour la seconde :

(67) a. Rassemblez-les ! On y va ! (succession)

   b. Pas de chaussures, pas de prestation ! (condition)

   c. Un pour tous, tous pour un ! (association)

L'ORDRE DES ÉLÉMENTS peut lui aussi indiquer une interprétation. Ainsi, Healey et Healey (1990 : 224) ont remarqué la corrélation suivante en grec koine entre l'ordre des propositions subordonnées adverbiales (circonstancielles) et la proposition principale dont elles dépendent : les subordonnées qui exprimaient des relations temporelles et celles les plus logiques se trouvaient dans 86% des cas avant la proposition principale. En revanche, les propositions qui exprimaient des relations d'élaboration et des relations logiques de type conséquence-moyen et cause-conséquence suivaient dans 79% des cas la proposition principale. Par conséquent, l'ordre aide à restreindre le nombre de relations sémantiques possibles.

De plus, les STRUCTURES D'ATTENTE (section 9.4) incitent à des interprétations « toutes prêtes » des relations sémantiques, de même que pour d'autres aspects de la communication. Prenons l'appendice A, phrase 75 *nous convînmes qu'il fallait, sur l'heure, porter au moulin de Cornille tout ce qu'il il y avait de froment dans les maisons*. Dans le schéma du moulin, il est sous-entendu *nous convînmes de porter le froment au moulin de Cornille* **afin que** Cornille le moulût. Autrement dit ce que « nous » a fait, a permis l'acte subséquent de maître Cornille. Cette interprétation est due à la structure d'attente spécifique à cette culture. Quand *Francet Marmaï* (phrase 1) a raconté cette histoire, il n'y avait plus dans le pays de moulin en état de fonctionnement qui auraient pu moudre le blé.

13.3 Les connecteurs

Les indices les plus visibles qui déterminent le choix de l'interprétation d'une relation sémantique sont les morphèmes. Il s'agit souvent d'un connecteur, tel qu'une CONJONCTION.

Les connecteurs peuvent indiquer des relations sémantiques très précises telles que la concession, exprimée en (65b) par la conjonction *bien que*. Toutefois, ils ne donnent bien souvent qu'une indication sémantique générale sur la relation et laissent à l'allocutaire le soin de déduire, à l'aide du contexte, la relation exacte.

C'est le cas de *parce que*, employé à six reprises dans l'appendice B. Parfois, il introduit la cause directe d'une action décrite dans la proposition précédente (lignes 17, 21, 43). Parfois il introduit la raison d'une action (42, 61). Il peut même introduire les moyens de faire une action (28). La présence de *parce que* n'oblige cependant l'allocutaire qu'à interpréter ce qui suit comme un RENFORCEMENT de ce qui vient d'être dit.

De même, *mais* (15, 26, 30, 40, 42, 52, 57) indique de manière générale que ce qui suit CONTRECARRE des attentes suscitées par une ou plusieurs propositions logiques précédentes, mais ne précise pas si la relation est une antithèse, une concession ou un contraste (voir Blakemore 1987 et 1992, section 8.3).

13.3.1 Les connecteurs associatifs

Certains connecteurs indiquent peu la relation sémantique entre les propositions logiques. Quand par exemple en français, des propositions logiques sont reliées par *et*, on ne peut rien dire sur leur relation sémantique. C'est ce qu'on voit dans les phrases de (68), où une relation sémantique possible entre les propositions logiques est indiquée entre parenthèses.

(68) a. Je l'aime **et** elle m'aime. (réciprocité)

b. Je l'ai frappée **et** elle m'a frappé. (succession)

c. Elle s'est excusée **et** maintenant je suis content. (résultat)

En (68), les relations sémantiques indiquées entre parenthèse ne sont que des interprétations plausibles en fonction du contexte, mais elles ne sont pas encodées par *et* (Blakemore 1987 : 111ss.).

Néanmoins, *et* contient une consigne pour l'allocutaire : ASSOCIER ces propositions logiques entre elles (ex., dans l'appendice A, les phrases 28, 32, 84, 86 et 92). En d'autres termes, *et* est un CONNECTEUR PRAGMATIQUE (Blakemore, 111ss) qui oblige le destinataire à traiter ensemble les idées ainsi associées.

13.3.2 Les connecteurs additifs

Certains connecteurs ADDITIFS indiquent à l'auditeur de trouver une PROPOSITION LOGIQUE PARALLÈLE à laquelle apposer la proposition actuelle (voir l'usage de *ma* « aussi » dans les phrases 6 et 8 du texte en tyap de l'appendice C). Souvent, ces propositions logiques ne sont pas contiguës (voir l'usage de *là encore* ligne 57 de l'appendice B qui décrit un événement parallèle à celui de la ligne 22). On peut s'attendre à ce que ce qui diffère de la première proposition soit ce sur quoi porte la seconde.

Certaines langues fixent très précisément ce qui peut être ajouté à quoi. Cela peut être indiqué par la place du connecteur additif[3]. Par ailleurs, une langue peut aussi se servir de connecteurs additifs différents s'il faut apposer un autre sujet ou un autre prédicat. Dans de telles langues, un connecteur additif (indiqué ici par +) serait employé pour *Jean a un ordinateur. Marie + en a un*, tandis qu'un autre serait utilisé pour *Jean est bon en sport. Il est + un bon linguiste*. Voir Spreda 1984 pour d'autres distinctions trouvées entre les connecteurs additifs.

Il n'est pas inhabituel qu'un connecteur additif soit employé non seulement dans le cas où on doit trouver une proposition logique parallèle, mais aussi dans celui où une proposition contradictoire est apposée. Cela produit alors un effet pragmatique de CONCESSION, comme dans : *il a vu un homme allongé sur le bord de la route. + Il ne s'est pas arrêté pour lui porter secours*.

Les connecteurs additifs sont aussi employés dans certaines langues pour CONFIRMER une proposition logique précédente. Les exemples dans (69)

---

[3] En grec koinè, l'adverbe *kaí* oblige à ajouter le constituant qui le suit immédiatement au constituant correspondant de la proposition ou de la phrase précédente (Levinsohn 2000 : 100).

proviennent de Blass (1990) et Follingstad (1994) ; pour chaque connecteur, il y a entre parenthèse une glose en français.

(69) a. Il lui a dit de le faire.

+ ('et donc') elle l'a fait[4].

b. A: Zimpeale est dagaati.

B: + ('en effet'), il est bien dagaati ; je le connais.

c. Il ne veut pas s'arrêter.

+ ('même') pas un petit moment.

Enfin, les connecteurs additifs sont parfois utilisés à la place des conjonctions de coordination pour apposer des informations d'INÉGALE IMPORTANCE. Vous en trouverez des exemples dans l'appendice C (voir aussi Levinsohn 2000 : 108–109).

13.3.3 Les marqueurs de développement

Alors que des connecteurs tels que *et* et certains connecteurs additifs demandent à l'allocutaire de mettre ensemble des informations, d'autres conjonctions ont le sens contraire et obligent l'allocutaire à *passer au point suivant*. Nous les appelons des « MARQUEURS DE DÉVELOPPEMENT » (Wiesmann 2000 : 48) car ils indiquent que les informations ainsi marquées représentent une nouvelle étape dans le récit ou l'argument, par rapport au but de l'auteur[5].

On trouve souvent, notamment dans les langues OV qui permettent d'avoir plusieurs propositions subordonnées avant le verbe principal[6], un marqueur de développement mis à la fin de la proposition subordonnée pour (servir de spacer et) indiquer la transition vers ce qui est décrit dans la proposition suivante. L'absence du marqueur ou son remplacement par un connecteur additif, indique que la même chose continue d'être développée. Ainsi, dans la première phrase d'une histoire en suruwahá (arawá), une

---

[4] Voir la phrase 13 de l'appendice C.

[5] Les informations introduites par un marqueur de développement « sont pertinentes par elles-mêmes » (Blass 1993).

[6] Longacre (1985 : 263ss) appelle de telles constructions des « structures en chaîne ». Elles comportent souvent des marqueurs de « changement de référence » (Andrews 1985 : 115). C'est-à-dire, des indicateurs qui indiquent si le sujet (ou plus rarement le thème) de la proposition concernée est le même ou non que celui de la proposition précédente.

langue du Brésil, le marqueur de développement (MD) *na* est ajouté aux propositions qui conduisent à la suite.

(70)   J'ai planté le champ et
        parce qu'il faisait chaud,
        au lieu d'aller m'allonger + MD
        je me suis baigné à la rivière et
        je suis rentré ;
        Avant de me coucher + MD
        il a tonné.

En (70), le marqueur de développement indique que *je me suis baigné à la rivière* et *il a tonné* sont les étapes suivantes de l'histoire.

Un marqueur de développement peut aussi être associé aux introducteurs phrastiques pour indiquer que la phrase en question représente une nouvelle étape dans l'histoire ou l'argumentation. Il peut aussi lui être associé des références actancielles pour indiquer que cette nouvelle étape concernera les actants (voir Levinsohn 1976)[7]. Ces deux éléments sont illustrés dans l'extrait suivant, tiré d'un conte populaire en inga (quechua), une langue de Colombie (voir Longacre et Levinsohn 1978 : 112 — le marqueur de développement *ka* se trouve à la fin de la proposition subordonnée ou du groupe nominal concerné).

(71) 1. À ce moment   la belle-mère est allée, en larme, à
                                    + MD   l'endroit où elle avait
                                                   enterré le fruit.

      2. Arrivée là + MD   (elle)   a dit : « C'est ici que l'enfant
                                                   est enterré ».

      3. Après avoir dit cela + MD (elle)   s'est enfui pour aller se
                                                   pendre.

      4. À ce moment   le père +   a creusé la tombe.
                                    MD

      5. En enlevant la terre   (il)   n'a découvert qu'un fruit.

      6.   (Il)   a dit : « Oh non ! mainte-
                                                   nant, je comprends tout ».

      7. Après avoir dit cela + MD(il)   a suivi sa trace.

En (71), les marqueurs de développement associés aux sujets (lignes 1, 4) indiquent que les étapes suivantes dans l'histoire concerneront des actions accomplies respectivement par la belle-mère et le père. Aux lignes 2 et 3, les

---

[7] Les marqueurs de développement peuvent aussi être associés à des thèmes antéposés (points de départ) quand un commentaire secondaire (« digression ») va être fait sur ce thème.

marqueurs de développement séparent les informations d'arrière-plan précédentes, des étapes qui suivent (informations de premier plan). Relevons l'absence de marqueur de développement à la ligne 5 : cela oblige à ne pas voir la découverte du fruit comme une nouvelle étape (peut-être parce que l'allocutaire connaît déjà ce qui va être trouvé), mais comme faisant partie de la même unité (Levinsohn 2000 : 275) que les lignes 4 et 6.

On a découvert que les marqueurs de développement dans les langues VO sont soit des conjonctions (ex. *de* en grec, Levinsohn 2000 : 72), soit des particules associés à un groupe verbal. L'appendice C présente un extrait d'un texte en tyap, une langue du Nigeria où à la fois le marqueur de développement (*kàn*) et deux connecteurs additifs (*kìn, ma*) se trouvent entre le sujet et le verbe principal.

En général, les marqueurs de développement ne sont pas employés dans les textes narratifs tant que le cadre n'est pas posé. Voir l'appendice C pour une longue introduction précédant la première occurrence du marqueur de développement.

Concepts Clés :
proposition
relations sémantiques entre propositions
ordre préféré des propositions dans les langues VO et OV
contraintes pesant sur les relations sémantiques
    intonation
    ordre relatif des propositions
    structure d'attente
signaux morphémiques (ex. conjonctions)
    renforcement
    contraste
connecteurs pragmatiques
    associatif/coordinatif
    additif
        parallélisme
        concession
        confirmation
        mise en relief / mise en arrière-plan
    marqueurs de développement

14

La conversation rapportée

« À quoi sert un livre, pensa Alice, sans images, ni conversations ? »
— Lewis Carroll, *Alice au pays des Merveilles*

La structure de la conversation rapportée tend à être différente de celle des actions ordinaires d'un texte narratif. Ainsi, les références au locuteur qui venait d'être le destinataire peuvent ne pas respecter les règles d'encodage employées pour d'autres changements de sujets (voir chapitre 17). De même, il est fréquent que l'aspect du verbe introduisant la conversation rapportée soit l'imperfectif, et non le perfectif, ou qu'il ne soit pas du tout conjugué.

Tout d'abord, faisons un peu de terminologie !

Un DISCOURS CITANT (« formule d'orientation » — Woodham 2003 : 96) est une expression qui indique qui parle à qui[1]. Suivant les langues et d'autres facteurs, celle-ci peut se trouver *avant* le discours cité (par exemple, *il disait, riant et pleurant à la fois* « C'est du blé ! » — Appendice A, phrase 88), *après* le discours cité (par exemple, *Pourquoi ne travaillez-vous pas avec les ouvriers ?* **lui dit M. A** *..., qui le prenait pour un mendiant ordinaire* — Histoire de Rondino, Prosper Mérimée) ou à la fois, *avant et après* le discours cité.

En français comme en anglais, la *formule* se trouve le plus souvent au milieu du discours, après le début de la proposition ou de la phrase (par exemple, « *N'allez pas là-bas*, **disait-il** *ces brigands-là pour faire le pain se servent de la vapeur, qui est une invention du diable, tandis que moi je travaille avec le mistral et la tramontane, qui sont la respiration du bon Dieu.* » — Appendice A,

---

[1] Les discours citant peuvent aussi accompagner la verbalisation d'une pensée, comme dans *C'est plus loin que je n'aurais cru, pensait Jeanne* (La dot, dans *Toine*, Guy de Maupassant).

phrase 27). La formule peut également être *omise*, comme dans l'énoncé 91 de l'appendice A : « *Non, non, mes enfants ; il faut avant tout que j'aille donner à manger à mon moulin. Pensez donc ! il y a si longtemps qu'il ne s'est rien mis sous la dent.* »

Un DIALOGUE FERMÉ désigne une conversation rapportée où chaque nouveau locuteur ou destinataire provient des énoncés qui précèdent dans la conversation. L'extrait (72), une traduction d'un passage tiré d'un texte en mofu-gudur, une langue du Cameroun (Pohlig et Levinsohn 1994 : 89), est un exemple de dialogue fermé : l'étranger et les enfants se parlant à tour de rôles.

(72) a. Il leur dit : « Les enfants, qu'est-ce que vous faites ? »

b. « Nous sommes assis ici à monter la garde » ont répondu les enfants.

c. « Que gardez-vous ? »

d. « Nous gardons des moutons et des chèvres ».

e. Ils ont alors demandé à l'étranger, « Êtes-vous un voleur ? »

f. « Ah ! Suis-je quelqu'un qui volerait des enfants ? »

L'extrait (73), tiré du même texte, est un exemple de conversation qui *n'est pas* fermée, le destinataire du second discours (le mari) n'est pas le locuteur précédent (l'étranger).

(73) a. L'étranger a dit : « Veuillez me donner s'il vous plait la patte (de la chèvre). Je ne ferai que la croquer ; je ne la mangerai pas ... car je n'ai pas mangé depuis trois jours. »

b. La femme a alors dit à son mari : « Donne-la lui donc ! »

Le caractère fermé ou non de la conversation a des conséquences sur les discours citant. Ainsi, quand en mofu-gudur, les actants d'une conversation fermée ont été introduits, on peut omettre les discours citant jusqu'à ce que le sujet de la conversation change, comme on le voit dans la phrase (72e). Cependant, lorsque la conversation cesse d'être fermée, comme en (73b), l'énonciateur doit employer un discours citant.

14.1 La présentation du discours

Il existe trois principaux types de discours rapportés : le discours direct, le discours indirect et le discours semi-direct. Dans le DISCOURS DIRECT (*Jean a dit* : « *Je te vois* »), le locuteur est désigné par un pronom de première personne et le destinataire par un pronom de deuxième personne. Dans le DISCOURS INDIRECT (*Jean a dit qu'il la voyait*), il est fait référence de manière indirecte au locuteur et à son allocutaire par un pronom de troisième personne ou, pour le locuteur, par un PRONOM LOGOPHORIQUE, c'est à dire, qui désigne le locuteur (Anderson et Keenan 1985 : 302–304)[2]. Dans le DISCOURS SEMI-DIRECT, l'un des références est directe, l'autre, indirecte. Ainsi, il est fréquent dans les langues d'Afrique de l'Ouest que la référence au destinataire soit directe, mais que celle au locuteur fasse appel à un pronom logophorique (LOG) comme dans *Jean a dit* LOG *te vois*.

L'usage du discours direct ou du discours indirect est parfois lié aux buts du locuteur concernant son discours et notamment s'il souhaite que l'allocutaire croie que le message rapporté est littéral ou non. Li (1986 : 38ss) dit que dans les langues européennes, l'énonciateur se sert du discours direct « pour faire croire à son destinataire que la forme, le contenu et les informations non verbales (gestes, mimiques …) du discours rapporté sont ceux employés par le locuteur à l'origine du discours. » En revanche, dans le discours indirect, « l'énonciateur communique parfois ses propres sentiments via la forme (ex. intonation) et les messages non-verbaux du discours rapporté, tel un commentaire sur le contenu de celui-ci ».

Dans certaines langues, les facteurs qui servent à déterminer s'il s'agit d'un discours direct ou indirect sont essentiellement *syntactiques* :

- des types de phrases telles que les questions doivent parfois être rapportées au discours direct
- les discours rapportés dans des propositions subordonnées doivent parfois être donnés au discours indirect ou semi-direct
- Si dans le discours, il est question du locuteur ou de l'allocutaire, il doit parfois être au style indirect ou semi-direct.

Dans d'autres langues, ce sont des facteurs pragmatiques qui déterminent la façon dont le discours est rapporté, par exemple :

- La *proéminence* du discours. En bafut (Cameroun), le style semi-direct est la façon par défaut de rapporter un discours. Le discours direct, lui, sert à souligner quelque chose, tandis que le discours indirect est réservé aux propos sur l'arrière-plan (Mfonyam 1994 : 195).
- Le *statut* relatif des actants entre eux. Les propos tenus par des actants particulièrement importants (« protagonistes », chapitre 17) sont rapportés au discours direct tandis que ceux des autres actants sont au discours indirect ou au discours semi-direct.
- Le *nœud de l'action* qui approche. Dans les langues qui utilisent ordinairement un discours citant par exemple, la formule est souvent omise dans la progression vers le nœud de l'action (Longacre 1996 : 43).

---

[2] Dans le discours indirect en français, le temps du discours rapporté souvent change, lui aussi. Ainsi, dans l'exemple cité, *vois* est devenu *voyait*.

14.2 Le type d'information contenu dans la conversation rapportée

En général, dans les textes narratifs, les conversations rapportées ne sont pas une fin en soi, mais précèdent les événements non-parlés qui forment la trame de l'histoire. De plus, si une conversation rapportée se compose de plusieurs répliques, celles-ci ne sont pas considérées comme l'équivalent de plusieurs événements. Cela se voit d'au moins trois manières (non exclusives l'une de l'autre) dans les discours citant :

- L'aspect du verbe de la formule peut être imperfectif ou bien le verbe peut prendre des marqueurs qui ailleurs tendent à être en corrélation avec des *informations d'arrière-plan* (chapitre 12).
- Les marqueurs de développement (chapitre 13) peuvent se trouver dans les descriptions d'événements non-verbaux, mais en règle générale pas dans les discours citant. Autrement dit, les discours rapportés peuvent ne pas être considérés comme des développements dans le récit.
- Notamment à l'oral, les discours rapportés peuvent être regroupés en *paires adjacentes* consistant en un mouvement initial et un mouvement de résolution (chapitre 1). Les paires les plus courantes sont celles formées d'une question et de sa réponse, celle d'une remarque et de son commentaire, d'une idée et de son application[3] (souvent non verbale). Dans certaines langues, de telles paires adjacentes peuvent être introduites par un discours citant et se terminer par une autre, comme dans la paire (74) :

(74) Je lui ai demandé, « quelle heure est-il ? » (MI)

« Il est quatre heure », m'a-t-il répondu. (MR)

Par ailleurs, les discours rapportés peuvent être traités comme des événements de premier plan. Cela est particulièrement évident dans le rapport d'événements discursif, tels que des raisonnements, des débats ou des procès.

14.3 Changement de direction dans les conversations rapportées

Parfois, au lieu de reprendre le même sujet que la réplique précédente et de continuer la conversation à partir de là où le dernier locuteur l'avait laissé, le nouveau locuteur change la direction de la conversation par un

---

[3] Longacre appelle cette dernière paire adjacente « proposal-response » (idée-réaction) ou « proposal-execution » (idée-exécution).

14.3 Changement de direction dans les conversations rapportées

mouvement d'opposition (chapitre 1). De telles ripostes sont en général indiquées d'une manière ou d'une autre.

Ainsi, en grec koinè, le verbe *apokrínomai*, traduit en général par « répondre », indique habituellement un changement de direction dans la conversation rapportée. Cela se voit en (75), qui reprend Actes 9.10–14 ; (75d) rapporte une objection à la consigne (proposition) de (84c).

(75) a. Le Seigneur lui dit en vision : « Ananias ! »

b. Il dit : « Me voici, Seigneur ! »

c. Et le Seigneur lui dit : « Lève-toi et va dans la rue appelée la Droite, et cherche, dans la maison de Judas, un nommé Saul de Tarse. […] »

d. Ananias **répondit** : « Seigneur, j'ai ouï parler à plusieurs de cet homme, combien de maux, il a fait […] » (version Darby)

Dans les langues qui emploient un marqueur de développement, celui-ci est très probablement utilisé en lien avec un changement de direction dans la conversation rapportée. Il est également normal que le locuteur soit alors désigné par un nom quand bien même on aurait autrement attendu un pronom (voir chapitre 17)

Dans les langues où les énoncés rapportés sont regroupés en paires adjacentes, le mouvement d'opposition est habituellement introduit comme *commençant* une nouvelle paire plutôt que comme terminant celle ouverte par la question précédente ou une autre initiative. Dans de telles langues, il se pourrait que l'échange de (75) soit rapporté comme en (76), avec (76d) commençant une nouvelle paire adjacente.

(76) a. Le Seigneur lui dit dans une vision : « Ananias ! » (MI)

b. « Me voici, Seigneur ! » **lui répondit-il**. (MR)

c. Le Seigneur lui dit : « Lève-toi, va dans la rue appelée la droite, et cherche, dans la maison de Judas, un nommé Saul de Tarse. […] » (MI)

d. Ananias **dit** : « Seigneur, j'ai entendu dire par beaucoup combien de mal cet homme a fait […] » (MO/MI)

Concepts Clés :
discours citant
dialogue fermé
présentation du discours rapporté
    discours direct
    discours indirect
    discours semi-direct
        pronom logophorique
type d'information contenu dans la conversation
        rapportée
paire adjacente
    question-réponse
    remarque-commentaire
    idée-application
mouvement d'opposition

15

Les conventions textuelles

Tout comme au niveau cognitif, les attentes (par exemple, les représentations schématiques, section 9.4) sont des façons conventionnalistes d'organiser les choses, il existe des conventions régissant, elles, l'organisation des textes en tant que produits linguistiques. Dans ce chapitre, nous allons voir des conventions en usage dans les textes narratifs.

Les conventions textuelles peuvent être soit universelles, soit propres à une langue donnée et une culture donnée. Elles peuvent aussi franchir les frontières linguistiques et culturelles, mais varier selon le type de texte (chapitre 2) ou selon que le discours est oral ou écrit (chapitre 4). Ce chapitre présentera toutes ces possibilités. Les recherches dans ce domaine n'en sont toutefois qu'à leur début.

15.1 Le schéma narratif

Brewer (1985) appelle « SCHÉMA NARRATIF » la structure conventionnelle d'organisation du contenu d'un texte narratif[1]. Pour les récits oraux autobiographiques « complets », Labov (1972 : 363) donne le schéma suivant :

- Résumé
- État initial
- Complication
- Évaluation
- Résultat ou résolution
- Coda

---

[1] En anglais, Longacre (1996 : 34) emploie l'expression *anatomy of plot* (anatomie d'une intrigue) et ajoute que « quelque chose d'équivalent à une intrigue caractérise des formes de discours autres que la narration ».

Il est possible d'avoir des « enchaînements complexes et des imbrications de ces éléments » (Labov, 363) et il arrive également de trouver des discours narratifs qui ne les contiennent pas tous. Nous allons voir chacun de ces éléments.

15.1.1 Le résumé

Le terme « résumé » désigne deux types d'éléments : le titre ou un résumé à proprement parler et une ouverture (Brewer 1985) ou incipit (Longacre 1996 : 34).

Parfois, les récits portent un TITRE, un groupe de mots (souvent moins long qu'une phrase complète) sous lequel l'histoire est connue. Il remplit en quelque sorte la même fonction que le RÉSUMÉ au sens de Labov (1972 : 363) : « une ou deux propositions résumant toute une histoire ». Grimes (1975 : 266) cite un exemple provenant de l'ayoré de Bolivie ; « Une autre fois, j'ai tué un jaguar ». Les titres sont, bien sûr, courants dans les traditions écrites, mais on ne sait pas dans quelle mesure les titres et les résumés le sont dans les traditions orales.

Cependant, les « OUVERTURES conventionnelles se trouvent dans le monde entier » (Brewer 1985 : 179), bien qu'elles soient spécifiques à un genre. Dans la tradition occidentale, on a « il était une fois » pour les contes de fées et « tu connais cette blague ? » pour les histoires drôles. Les Clackamas, des Indiens du nord-ouest de l'Amérique, se servent eux de « il vivait là ». C'est une ouverture conventionnelle qui contient des informations sur le cadre (Thompson 1977 : 457, cité dans Brewer 1985 : 179). Dans certaines langues, les ouvertures sont « des formules qui n'ont pas d'autres sens, comme par exemple, l'ouverture des récits en zuni dont on dit qu'elle est intraduisible » (Tedlock 1972 : 123, cité dans Brewer 1985 : 179). Dans les traditions écrites, cependant, les ouvertures conventionnelles sont généralement absentes (Brewer, 184).

15.1.2 État initial

L'ÉTAT INITIAL est une partie régie par des conventions où est mis en place le cadre (époque, lieu, circonstances) et où sont présentés les actants (section 12.3). Les phrases 1 à 3 et 4 à 12 de l'appendice A forment l'état initial. Dans les traditions orales, il y a très souvent un état initial, du moins dans certains genres. Dans les traditions écrites, « dans les fictions [américaines] les plus récentes, omettre le cadre initial est devenu une convention [c.-à-d., l'état initial] et ces informations sont glissées tout au long du discours » (Brewer 1985 : 185).

15.1.3 La complication

La COMPLICATION ou PÉRIPÉTIE est une suite d'actions menant à un résultat ou à une résolution. Elle est universelle, bien qu'il existe des exceptions. Dans l'appendice A, on peut considérer les phrases 13 à 33 comme la partie d'une péripétie.

15.1.4 L'évaluation

Nous avons vu dans la section 12.3 l'ÉVALUATION en tant que type d'information. Elle indique l'objet du texte, ce que le locuteur en pense et elle peut être formulée soit de façon directe (le narrateur parlant en tant que tel) ou indirecte (le discours et les actes des actants reflétant ce que le narrateur éprouve). Ainsi, dans ce manuel, nous nous demandons si une évaluation fortement marquée apparaît de manière conventionnelle à un certain moment dans un texte. Labov (1972 : 368ss) a découvert que dans les récits oraux d'expériences personnelles dans les quartiers défavorisés de population noire, il est très fréquent qu'il y ait une évaluation manifeste avant la résolution, même si elle ne forme pas toujours un thème distinct. On peut considérer les phrases 34 à 49 de l'appendice A comme une évaluation, exprimant l'attitude et les réactions des voisins de maître Cornille face à son comportement. De telles évaluations interrompent l'action, font attendre aux destinataires la résolution (voir section 15.1.5) et suscitent une réaction émotionnelle. « Quand cela est fait habilement [...] la résolution survient avec bien plus de force » (Labov 1972 : 374). Même s'il peut y avoir dans le schéma narratif, une partie évaluation fixée par des conventions, celle-ci se trouve souvent également à d'autres endroits.

15.1.5 Le résultat ou la résolution

Le RÉSULTAT ou la RÉSOLUTION est une partie qui termine la complication. Elle répond à la question, « Et finalement, qu'est-ce qui est arrivé ? ». On prétend que pratiquement tous les contes populaires contiennent une forme de résolution de conflit (Fischer 1963 : 237). « Résolution », cependant, ne signifie pas nécessairement une « fin heureuse ». Non seulement il est de plus en plus fréquent de trouver dans les traditions écrites des récits avec une « fin malheureuse », mais « un certain nombre d'histoires dans les traditions orales se terminent mal selon le point de vue du lecteur occidental » (Brewer 1985 : 183ss). Plutôt que d'être une « fin heureuse », la résolution est une fin qui confirme une vision du monde, optimiste ou non.

Dans la résolution, il est souvent possible d'identifier le POINT CULMINANT de l'histoire (Woodham 2003 : 41). Il s'agit de l'événement ou de l'élément le plus intense ou qui présente le plus d'intérêt. Il a pour synonyme « apogée »

(*Trésor de la langue française*)². Immédiatement avant le point culminant, il est fréquent d'avoir une ou plusieurs figures dont l'effet rhétorique est de ralentir le récit et de créer l'attente de la présentation du point culminant. Ces figures comportent l'introduction d'informations d'arrière-plan telles qu'une évaluation (voir ci-dessus) et la reprise verbale (section 4.1). Dans le cas de l'appendice A, il a déjà été relevé en 12.5, l'usage de structures marquées, telles que *À la longue pourtant tout se découvrit. Voici comment* (phrase 50) pour introduire et faire ressortir une résolution (51 à 92) ainsi que mettre l'accent sur des événements (par exemple, *Ah ! le vieux sorcier ! Il faut voir de quelle manière il me reçut.* (phrases 54–55) et *tout de suite* (phrase 63). En plus, une longue description de l'état d'esprit de maître Cornille retarde la résolution finale (phrases 86 à 92).

Une autre partie de la résolution qui peut être identifiable est le DÉNOUEMENT, une série d'actions découlant du point culminant et indiquant l'issue finale (Longacre 1996 : 37). Dans l'appendice A, on peut considérer que la phrase 93 (*C'est une justice à nous rendre à partir de ce jour-là, jamais nous ne laissâmes le vieux meunier manquer d'ouvrage*) est le dénouement.

15.1.6 La coda

La CODA ou ÉPILOGUE est une partie dénuée d'action « qui contient un méta-commentaire sur l'histoire, la résume ou donne des informations sur les personnages après la résolution » (Brewer 1985 : 183). Ce peut être par exemple : ... *et ils furent heureux jusqu'à la fin de leurs jours.* Voyez aussi *Puis un matin, maître Cornille mourut, et les ailes de notre dernier moulin cessèrent de virer, pour toujours cette fois. Cornille mort, personne ne prit sa suite.* (Appendice A, phrases 94 à 95). Une coda peut aussi fournir une explication sur l'événement qui s'est produit, tirer une application (morale) comme dans l'appendice A, phrases 96 à 97 : *Que voulez-vous, monsieur ? Tout a une fin en ce monde, et il faut croire que le temps des moulins à vent était passé comme celui des coches sur le Rhône, des parlements et des jaquettes à grandes fleurs,* ou donner une dernière évaluation. Dans de nombreuses traditions orales, les codas sont codifiées. Brewer (p. 183) décrit différentes codas codifiées comportant différentes combinaisons d'éléments en clackamas, en limba, en shoshone, en hanga et en sherpa. Bien qu'il ne soit pas en vogue dans les récits écrits occidentaux de donner explicitement une morale ou un résumé, « il est fait un certain usage des épilogues pour donner d'autres informations sur la suite des événements une fois le conflit de fond résolu » (Brewer, 186).

Une FORMULE DE CLÔTURE est une expression, généralement conventionnelle, qui indique la fin d'un discours narratif. Dans les traditions orales,

---

²Cette définition du « point culminant » diffère de celle de Hwang (1997 : 301), pour qui la notion de point culminant est « le moment de l'histoire où la tension atteint son comble ». Voir Levinsohn 2000 : 197 pour une liste des figures associée au point culminant en grec koinè.

« les formules de clôtures sont très fréquentes » (Brewer, 183). Elles peuvent être toutes simples (telles que « C'est tout » en guaraní mbyá), mais elles peuvent aussi être complexes et colorées, telles « Que ta réserve à provision devienne riche en vermines, mais que mon enclos à bétails le devienne en vaches » (Finnegan 1970 : 380, cité dans Brewer 1985 : 183). Les textes écrits occidentaux avaient pour formule de clôture conventionnelle « Fin », mais à présent, c'est rare (Brewer, 186).

On aura remarqué qu'il y a certaines associations naturelles entre les différents types d'informations dans une narration (chapitre 12) et les parties du schéma narratif :

- Cadre et présentation des actants dans la partie exposant l'état initial
- Événements dans les parties « complications » et « résolution »
- Évaluation dans la partie « évaluation »
- Résumé dans le résumé ou la coda.

On s'attend du schéma narratif qu'il reflète des structures productives des éléments de premiers plans et des informations d'arrière-plan et dans certains cas, il se peut qu'il n'y ait pas de raison de croire qu'un schéma narratif s'impose pour lui-même. Dans d'autres cas, une structure récurrente peut indiquer que les structures de hiérarchisation font l'objet de conventions.

15.2 Les schémas de répétitions

En plus du schéma narratif général, d'autres éléments des discours narratifs peuvent faire l'objet de conventions. Souvent les récits dans les traditions orales présentent des SCHÉMAS DE RÉPÉTITIONS caractéristiques. Voici ce que Brewer en dit (1985 : 181) :

> Une caractéristique très fréquente des traditions orales est la répétition de types de personnages (les trois frères, les trois monstres ...). Le nombre de répétitions varie d'une culture à l'autre. Il est de cinq chez les Clackamas du nord-ouest du Pacifique (Jacobs 1959 : 224), de quatre chez les Navajos (Toelken 1981 : 167) et de trois dans les récits de la tradition orale occidentale tels que les « trois petits cochons ». (Olrik 1965 : 133)

Il y a des répétitions de péripétie ainsi que de types de personnage : « Le protagoniste fera une action, puis un second fera de même » (Brewer 1985 : 182). Il apparaît que de nombreux schémas de répétitions dans les traditions orales obéissent à des conventions.

15.3 Les conventions dans les traditions orales et dans celles écrites

Les discours narratifs dans les traditions orales ont tendances à avoir plus d'incipits et de formules de clôture conventionnelles que ceux des traditions écrites. Pourquoi ? Selon Brewer (p. 189), cela serait parce que le narrateur a besoin de marquer la distinction entre la narration et la conversation ordinaire. En effet, il n'y a pas de couverture de livre pour l'indiquer. Certains incipits d'histoires rendent cette distinction explicite, comme qu'on trouve chez les Ashanti : « Nous ne voulons pas vraiment dire, nous ne voulons pas vraiment dire [que ce que nous allons raconter est vrai] » (Rattray 1969 : 55).

Les schémas conventionnels de répétition dans les traditions orales s'expliquent peut-être par leur utilité pour rendre fluide le discours du narrateur ou pour réduire la charge mnésique de celui-ci (et de son allocutaire) (Brewer 1985 : 189–190). On pourrait en grande partie dire cela également des représentations schématiques du récit en général.

Indépendamment de leur origine ou de leur raison d'être, on peut considérer les éléments de l'organisation discursive qui obéissent à des conventions comme alimentant une sorte de canevas ou de plan. Quand un allocutaire en reconnaît un dans un texte, il s'en sert rapidement, sous un mode allant du haut vers le bas, pour structurer la représentation mentale ; les éléments suivants sont facilement intégrés. Il est prévisible que les allocutaires construisent une représentation mentale en se servant de tous les raccourcis à leur disposition.

Concepts Clés :
schéma narratif
    titre ou résumé
    ouverture
    état initial
    complication
    évaluation
    résultat ou résolution
        point culminant
        dénouement
    coda ou épilogue
    formule de clôture
schéma de répétitions
convention dans les traditions orales ou écrites

Chapitres 16 à 18
La référence actancielle

16
Notions élémentaires sur la référence actancielle

Il est nécessaire de savoir comment les actants et autres éléments sont désignés tout au long d'un discours, et ce pour deux raisons. La première, c'est que le locuteur (ou l'analyste) a besoin de comprendre qui fait quoi à qui. La seconde, c'est que le locuteur a besoin de savoir indiquer clairement ce type d'information à ses allocutaires. Cela n'est pas facile, car les langues ont des systèmes de référence différents, mais la bonne nouvelle, c'est que tous ces systèmes reflètent des structures de cognition et d'organisation du discours qui nous sont familières.

Dans ce chapitre et le suivant, nous verrons les principaux systèmes de références possibles pour les textes narratifs. Ceux-ci devraient pouvoir permettre d'élargir ensuite ces connaissances à d'autres types de discours.

16.1 Les outils linguistiques d'expression de la référence actancielle

Givón (1983 : 18) fournit une échelle bien connue des éléments linguistiques référentiels en usage dans les langues :

(77) Échelle des valeurs d'encodage des expressions référentielles

    Élément le plus encodant :   Groupes nominaux complets
                                        Pronoms toniques / indépendants
                                        Pronoms atones / conjoints (« accord »)
    Élément le moins encodant : Anaphore zéro

Ici, l'ANAPHORE zéro fait référence à l'absence d'élément de référenciation explicite, y compris d'accord. On peut considérer (77) comme une échelle de la saillance linguistique. Celle-ci correspond, comme une icône, à la saillance informationnelle, selon le principe général que la saillance linguistique augmente avec la saillance informationnelle (Givón 1983 : 18 et 1990 : 969). Avant d'examiner ce que cela signifie dans des exemples précis, regardons les différences entre les langues en lien avec (77).

Les langues diffèrent quant aux outils à leur disposition aux niveaux moins codants que celui des groupes nominaux complets.

- Les langues isolantes, bien sûr, ont peu ou pas d'accord. Dans les autres langues, le verbe s'accorde avec un, deux, voire trois arguments.
- Les langues dites « à sujet nul » n'ont en général aucun argument libre (autre sens dans lequel est employé le terme « anaphore zéro ») alors que dans des langues telles que le français, la norme c'est d'avoir des arguments libres.
- Les catégories d'informations données par les pronoms et l'accord varient considérablement d'une langue à l'autre. Certains systèmes n'indiquent que la personne. D'autres indiquent la personne, le nombre, le genre ou la classe nominale, le statut honorifique …

Cela signifie que les niveaux de (77) ne sont pas les mêmes dans toutes les langues. Chaque langue aura sa propre version de cette échelle, mais les mêmes généralisations s'appliqueront.

16.2 Les fonctions des systèmes de référenciation

Voici les fonctions des systèmes de référenciation

(78) Les trois fonctions d'un système de référenciation

    la fonction sémantique :   identifier les référents sans ambiguïté, les distinguer des autres référents possibles

    la fonction pragmatique :   signaler le statut d'activation et la proéminence des référents ou des actions qu'ils réalisent

    la fonction de traitement :   assurer la continuité du flux d'informations, malgré les interruptions

16.2 Les fonctions des systèmes de référenciation

En matière de FONCTION SÉMANTIQUE, l'explicitation de l'identification est relative : il est très rare que les référents soient identifiés de manière parfaitement explicite. Dans l'appendice A, Maître Cornille est identifiée par son nom et son prénom lorsqu'il apparaît pour la première fois, puis il est désigné par *le, il, lui, ses, le vieux*, etc. L'objet de l'identification n'est pas de distinguer le référent de tous ceux théoriquement possibles (beaucoup de personnes dans le monde s'appellent maître Cornille), mais de tous ceux qui sont possibles *dans la réalité*. Le destinataire va parcourir sa représentation mentale actuelle à la recherche des référents possibles pour une expression donnée et s'arrêtera sur celui qui correspond le mieux à ce qui vient d'être dit (c.-à-d., en termes de schéma ou autres structures d'attente, voir section 9.4). Il est prévisible que, lorsqu'il existe plusieurs référents plausibles dans un contexte donné, l'expression identificatrice sera plus précise[1]. En général, la partie sémantique de la fonction de référenciation prédit que *la quantité de données codantes d'une expression de référenciation est proportionnelle au risque d'ambiguïté*. Souvent, le destinataire n'a besoin de « données dures » que pour l'un des arguments d'une proposition. Puis avec cet élément identifié et l'aide de restrictions sélectives ainsi que d'indices contextuels, il identifie les autres.

Concernant la FONCTION PRAGMATIQUE dans (78), la quantité de données encodantes dans la référence varie avec le statut du référent dans l'activation ou la proéminence : *plus le statut d'activation est élevé, moins il est nécessaire d'avoir des données encodantes* (section 10.1). Dans la terminologie traditionnelle de l'analyse narrative, on dit des actants qu'ils sont « introduits », « gardés en scène » ou « écartés ». Quand ils sont écartés, ils peuvent être sur le point d'être « réintroduits » ou « ramenés sur scène ». En utilisant les termes plus généraux de la section 10.1, nous disons que les actants sont en activité (ou réactivé), maintenus en activité ou désactivés (Chafe 1987 ; voir Givón 1990 : 915).

L'activation se produit le plus souvent par l'usage du nom complet. Si les actants avaient un rôle proéminent dans le texte, le premier groupe nominal activateur est souvent proéminent ainsi que dans la structuration pragmatique. Un tel groupe nominal est souvent celui sur lequel est porté l'attention et qui peut même apparaître dans une construction présentative (voir [42] au chapitre 11). Maintenir un actant activé ne demande qu'un encodage minimal (accords ou pronoms). La désactivation est souvent faite sans formalité (voir la désactivation de la fille de maître Cornille, Vivette, en tant que personne après la phrase 52 de l'appendice A). Cela signifie que l'actant central de l'histoire (section 17.2.1), une fois activé, ne nécessitera en général qu'un encodage minimal tandis que les référents importants à court terme (d'où de nombreux accessoires) peuvent avoir des groupes nominaux descriptifs complets.

---

[1] Quel que soit l'endroit d'une narration, il n'y a d'ordinaire pas plus de trois actants activés (Grimes 1975 : 261, 269).

Quant à la FONCTION DE TRAITEMENT, *il faut en général davantage de données encodantes chaque fois qu'il y a interruption du flux d'informations*. Dans une narration, les interruptions se produisent lors des ruptures de la continuité thématique (c.-à-d., aux limites de regroupement thématique — chapitre 7) ainsi qu'éventuellement lorsqu'il y a un changement du type d'informations (par exemple quand on passe d'événements à des non événements — voir chapitre 12)[2].

Ainsi les trois fonctions d'un système de référenciation (sémantique, pragmatique, traitement) illustrent toutes le principe iconique présenté en lien avec (77).

Givón (1983 : 141–214) note que le choix de l'expression référentielle en ute dépend de sa place dans le regroupement thématique : début, milieu ou fin. Quand le sujet de phrases successives reste le même, voici le système en ute :

(79) Expressions référentielles en ute lors que le sujet reste le même :

position initiale :   groupe nominal complet

position médiane :   zéro

position finale :   pronom indépendant

Ce système est cohérent avec les fonctions référentielles que nous venons de décrire. Suite à une interruption du flux d'informations aux frontières du regroupement thématique, il y a fréquemment une mise à jour des actants. Il n'est donc pas surprenant de trouver là des groupes nominaux (section 7.4). Comme les actants sont maintenus en activité au milieu d'un regroupement thématique, un encodage minimal est employé. La légère augmentation de l'encodage en fin de thème reflète l'augmentation de la proéminence qui est couramment octroyée aux événements qui atteignent les buts du thème. Par conséquent, il est normal de retrouver un système similaire à celui en ute dans d'autres langues.

Fox (1987 : 168) constate qu'en anglais, les « GN [groupes nominaux] complets » sont employés pour délimiter les nouvelles unités narratives ». Par exemple (Appendice A, phrases 23–24) :

(80) 23 C'était le moulin de maître Cornille, celui-là même où nous sommes en train de faire la veillée en ce moment.

24 **Maître Cornille** était un vieux meunier, vivant depuis soixante ans dans la farine et enragé pour son état.

---

[2] Voir cependant Fox 1987 : 163–164 pour des cas où apparemment le changement de type d'informations n'affecte pas le schéma de référenciation.

Dans le passage ci-dessus, le nom « Maître Cornille » est employé pour la première mention de l'actant dans le nouveau paragraphe, même si le pronom (« il ») n'aurait pas été plus ambigu que dans ce qui précède.

> **Concepts Clés :**
> échelle des valeurs d'encodage
>   anaphore zéro
> trois fonctions d'un système de référenciation
>   fonction sémantique
>   fonction pragmatique
>   fonction de traitement

17

Les stratégies de référenciation

Au chapitre 16, nous avons vu les moyens linguistiques existants dans un système de référenciation et leur fonction. Dans ce chapitre, nous allons aborder comment la référenciation s'opère dans un discours et nous nous pencherons sur deux types de STRATÉGIES de référenciation : la stratégie séquentielle (retour en arrière) et la stratégie du protagoniste[1]. Bien que toutes les langues emploient probablement les deux, leur degré de préférence pour l'une ou l'autre semble connaître d'importante variation.

17.1 Les stratégies séquentielles (retour en arrière)

Il existe différents types de stratégies séquentielles ou de retour en arrière, mais elles ont trois points communs. Le premier est qu'elles se préoccupent essentiellement de la façon d'identifier le référent d'expressions qui, sur l'échelle d'encodage (77), sont en-dessous du groupe nominal complet. Le second est, comme l'indique le terme « *retour en arrière* » (Givón 1983 : 13), qu'avec ces stratégies, on identifie le référent de ces expressions en faisant appel à la dernière chose ou personne mentionnée (parfois limité à une certaine catégorie, telles que le sujet). Le troisième est que les stratégies séquentielles ne font aucune référence à l'organisation discursive (Fox 1987 : 158).

Dans une stratégie séquentielle, « la référence de [tout ce qui n'est pas un groupe nominal complet] est normalement trouvée dans le mot candidat le plus proche » (Grimes 1978 : viii). Par « mot [ou groupe de mots]

---

[1] Cette opposition élémentaire est due à Grimes (1978 : vii–viii). Il appelle « stratégie thématique », ce que nous appelons « stratégie du protagoniste ».

candidat », on entend un antécédent qui s'accorde avec les catégories pertinentes pour la référence (nombre, genre ...), qui a une catégorie +/- animée qui correspond à la proposition et qui est plausible en termes de structure d'attente normale.

Les STRATÉGIES SÉQUENTIELLES CONCERNANT LE SUJET fonctionnent ordinairement ainsi : pour trouver le référent du sujet d'une proposition principale, on regarde le sujet de la proposition (principale) précédente. Prenons l'extrait suivant (81) :

(81) « Le lièvre et le chien » avec une stratégie séquentielle concernant le sujet

    a. Un jour, **le lièvre** alla discuter avec le chien.

    b. **Il** dit au chien : « Fais frire un de tes chiots pour que nous le mangions ! »

    c. **Le chien** refusa.

    d. « Pourquoi ne veux-tu pas le faire frire ? », lui demanda **le lièvre**.

    e. **Le chien** répondit : « ... »

Dans une stratégie séquentielle, tous les actants, tels que le chien et le lièvre de (81) suivent la même règle.

Selon Fox (1987 : 162, 170–171), l'anglais fait un certain usage de la stratégie séquentielle concernant le sujet (le français aussi). À moins que d'autres facteurs n'interviennent, un pronom sujet réfère au sujet de la proposition précédente (s'ils ont le même genre) :

(82)   Avant que Vador n'ait pu reprendre davantage ses esprits, Luc l'attaqua encore plus agressivement. **Il** avança en donnant des coups d'épée brusques   (James Kahn, 1983, *Return of the Jedi*, p. 156)

En (82), le pronom en gras fait référence à Luc. En cas de changement de sujet, on doit employer un groupe nominal :

(83)   Quand Vador tenta de parer, Luc fit une feinte et coupa. **Vador** opéra un contre ...   (p. 154)

Selon Fox, les stratégies séquentielles représentent un fort pourcentage des données translinguistiques disponibles sur la référence (1987 : 158–159)[2]. Elle les rejette toutefois comme description complète de la référence parce

---

[2] Fox (1987 : 158) résume Givón (1983) ainsi : « Dans une impressionnante collection de données provenant de plusieurs langues non-apparentées, on voit que les pronoms sont employés quand la dernière mention du référent est proche (et qu'il n'y a pas d'autres référents qui interfèrent) alors que le GN complet s'avère utilisé quand le référent est plus éloigné (ou s'il y a d'autres référents qui interfèrent). »

que celles-ci ne tiennent pas compte de la structure discursive et comptent de trop nombreuses exceptions. Tomlin (1987 : 456) fait la même critique.

17.2 La stratégie du protagoniste

Dans une STRATÉGIE DU PROTAGONISTE, « un référent se distingue des autres lors de son introduction et une série de termes le désigne quel que soit le nombre d'autres choses qui sont mentionnées après lui » (Grimes 1978 : viii). Une autre façon de réorganiser « le chien et le lièvre » avec une stratégie du protagoniste serait (84) avec le chien en tant que protagoniste et X représentant des signes linguistiques lié à lui :

(84) « Le lièvre et le chien » avec une stratégie du protagoniste

    a. Un jour, le lièvre alla discuter avec **le chien-X**.

    b. Le lièvre dit **à X**, « Fais frire un de tes chiots pour que nous le mangions ! »

    c. **X** refusa.

    d. « Pourquoi ne veux-tu pas le faire frire ? », demanda le lièvre **à X**.

    e. **X** répondit : « ... »

Un protagoniste s'identifie soit au niveau global (pour le texte dans sa totalité) ou au niveau spécifique (pour un groupement thématique donné). En effet, quel que soit le niveau auquel un actant est protagoniste, cette partie du texte traite, dans un certain sens, de cet actant, par conséquent cette partie de la représentation mentale sera liée d'une façon particulière au protagoniste. Cette structuration de la représentation mentale comprendra normalement des signaux linguistiques et pas seulement une certaine idée de proéminence. Ici, comme ailleurs, nous nous préoccupons des structures linguistiques. Celles-ci s'avèrent normalement être des indicateurs de catégories fondées sur le contenu.

17.2.1 Les actants mineurs et principaux, les protagonistes généraux

Tout comme certaines langues font la distinction entre événements principaux et événements secondaires (section 12.2), certaines ont des structures de référence différentes au niveau global pour les actants principaux et pour les actants mineurs (aucune de ces catégories n'inclut les accessoires). Sur le plan notionnel, les ACTANTS PRINCIPAUX sont ceux qui sont en activité dans une grande partie de la narration et jouent des rôles moteurs ; les ACTANTS MINEURS sont ceux qui sont activés que courtement avant d'être à nouveau désactivés.

Contrairement aux actants mineurs, les actants principaux font souvent l'objet d'une introduction en bonne et due forme. Une INTRODUCTION EN BONNE ET DUE FORME est une donnée linguistique qui indique au destinataire de ne pas seulement activer l'actant, mais aussi d'être prêt à organiser une partie importante de la représentation mentale autour de celui-ci. La proéminence est signalée soit au niveau de la proposition (à travers des phrases présentatives et autres phrases non actives) ou au niveau du concept (par exemple, avec un marqueur de l'indéfini spécifique).

Une phrase présentative (section 11.2) est structurée de façon à ce que le nouveau référent soit généralement focalisé en suivant un verbe d'existence. Ainsi, toute une proposition sert à activer l'entité et à établir son statut. Les actants introduits de cette façon sont d'habitude proéminents dans la suite du texte.

(85) Guaraní Mbyá :

a. *Yma   je   o-iko   mokoi ava-kue*

Il y a longtemps, dit-on 3-être deux homme-COLL

« Il y a longtemps, vivaient deux hommes. »

b. *Ha'e   kuery   ma   je   o-mba'e-apo petei jurua   pe*

3.ANA   COLL   limite dit-on 3-chose-faire un   non-Indien DAT

« Ils ont travaillé ensemble pour un certain non-Indien. »

La phrase présentative (85a) est suivie par une autre (85b) où le référent venant d'être introduit a le rôle de thème. Ainsi, il en est fait un usage immédiat et proéminent du nœud qui vient d'être établi dans la représentation mentale.

On peut se servir comme phrases présentatives de phrases non actives avec des verbes tels que « avoir » pour introduire des actants importants.

(86) Grec Koine (Luc 15.11) :

anthro:pos   tis   eichen   duo   huious

homme   certain   3sg.avait deux   fils

« Un certain homme avait deux fils. »

(86) a une articulation thème-rhème avec focalisation sur les fils lors de leur introduction.

Pour mémoire, le locuteur, en employant un référent indéfini, demande à l'allocutaire de créer un emplacement ou un nœud dans sa représentation mentale (section 10.2). De nombreuses langues disposent de moyens pour

17.2 La stratégie du protagoniste

signaler l'indéfinité qui indique, en plus, que la nouvelle entité doit occuper une place proéminente. Ainsi, il est courant dans les langues d'utiliser un indéfini spécifique « un, un certain » pour introduire des actants saillants (Hopper et Thompson 1984 : 719). C'est le cas avec *petei* « un » en (85b) et *tis* « un certain » en (86).

Cependant, quand les destinataires connaissent déjà l'actant important, il n'est souvent pas nécessaire d'avoir une introduction en bonne et due forme :

(87) Guaraní Mbyá :

nhande-ru	tenonde	yvy	o-nhono
1+2-père	dans.devant	terre	3-poser

« Notre père originel a établi la Terre. »

Parmi les actants importants, les structures de référence rendent parfois nécessaire d'en distinguer un comme étant le PROTAGONISTE GÉNÉRAL[3]. Souvent après avoir été introduit, le protagoniste général est désigné par un codage minimal, mais pratiquement constant. En mambila, le protagoniste général, une fois introduit, est désigné par une anaphore zéro (quand il est sujet) ou par le pronom de troisième personne du singulier *bú* (Perrin 1978 : 110) :

(88) a.

neye	woh	tohtoh	da,	heh	tull	**bú**
personne	prend	oiseau	que	donne	mettre	lui

« La personne prit l'oiseau et le lui donna. »

b.

Ø	ndi	ka	eh	seh
	aller	encore	avec	lui

« Il s'en alla avec lui »

c.

Ø	nda	baneh	a	mi	neye	deh	a
	aller	particule	LOC	maison	personne	certaine	à

« Il alla à la maison d'une certaine personne. »

---

[3] Dans cette analyse, nous partons du présupposé qu'il n'y aura qu'un seul protagoniste général ou central par texte. Parfois, les « personnage centraux » sont désignés ainsi en raison de leur rôle important dans l'intrigue, non à cause d'une stratégie de référenciation particulière, contrairement aux protagonistes, au sens que nous donnons à ce terme.

d. *mun   a   neye   dehne   whe   dehneneh*
   enfant   POSS personne asseoir pleurer continu
   « L'enfant de la personne pleurait, assis. »

e. *Ø   jia   me   a   ndia*   ‹ ... ›
           dire   mère   à   donc
   « Il dit à la mère : ‹ ... › »

f. *me   jia   **bú**   a*   ‹ ... ›
   mère   dire   lui   à
   « La mère lui dit : ‹ ... › »

g. *Ø   jia   ma   a*   ‹ ... ›
           dire   mère   à
   « Il dit à la mère : ‹ ... › »

Alors que « l'actant principal [notre ‹ protagoniste général ›], une fois introduit, est identifié le plus faiblement possible, les autres actants sont ré-identifiés par un nom chaque fois qu'ils sont mentionnés » (avec des exceptions, Perrin 1978 : 110–111). Ainsi « mère » est désigné par un groupe nominal tout au long de (88).

Parfois l'actant principal a son propre pronom, mais c'est plus rare.

Les ACTANTS MINEURS sont en général introduits par un groupe nominal complet, mais sans introduction en bonne et due forme. Souvent, ils ne sont en activité que pendant une partie du récit.

17.2.2 Les protagonistes ponctuels

Même dans le cas d'un texte où il n'y a pas de protagoniste général, chaque unité thématique peut avoir un PROTAGONISTE PONCTUEL. Cet actant est parfois appelé actant de l'unité thématique (Grimes 1975). Son statut thématique est indiqué de différentes façons. Nous allons en donner deux exemples.

Le premier donne le statut de thème au protagoniste ponctuel ou de sujet grammatical dans pratiquement toutes les phrases. Parfois, cela demande l'usage de la passivation ou autres opérations de changement de valence. Dans certaines des langues arawá du Brésil, l'actant thématique est régulièrement le thème ou le PIVOT [4]. Le préfixe représenté par Ø- indique que le complément d'objet est le pivot.

---

[4] Lorsque le marquage à l'intérieur d'une proposition (en général sur le verbe) donne un statut syntaxique privilégié à une relation grammaticale particulière,

17.2 La stratégie du protagoniste

(89) « Le lièvre et le chien » adapté à une langue arawá

    a. Un jour, **le lièvre** alla discuter avec **chien**.

    b. Lièvre Ø-dit : « Fais frire un de tes chiots pour que nous le mangions ! » dit-il.

    c. Ø refusa.

    d. Lièvre Ø-demanda : « Pourquoi ne veux-tu pas le faire frire ? » dit-il.

    e. Ø répondit : « ... »

En (89) le statut de protagoniste ponctuel qu'a le chien se voit en ce qu'il est le pivot et qu'il est désigné par l'anaphore zéro tout au long des lignes b à e.

Dans un certain nombre de langues africaines, il existe une autre façon de distinguer les protagonistes ponctuels des autres actants : le protagoniste ponctuel est le seul actant activé qui ne prend pas de déterminant :

(90) « Le lièvre et le chien » adapté au kaba (République Centrafricaine)

    a. Un jour, ce lièvre alla discuter avec **chien**.

    b. Il dit : « Fais frire un de tes chiots pour que nous le mangions ! »

    c. Cette-fois **chien** refusa.

    d. Cette-fois ce lièvre demanda : « Pourquoi ne veux-tu pas le faire frire ? »

    e. Cette-fois **chien** répondit : « ... »

Voici nos quatre dernières observations sur les protagonistes ponctuels :

- Si tout un récit a un protagoniste général ainsi que des protagonistes ponctuels, le protagoniste général *ne* sera *pas* en général un protagoniste ponctuel, même dans les passages où il est « sur scène ».
- L'usage de protagonistes ponctuels est pour des parties, c'est-à-dire pour certaines unités thématiques tandis que d'autres suivent une stratégie séquentielle.
- Au point culminant d'un récit, tous des actants principaux ou aucun d'eux peuvent être signalés comme protagonistes ponctuels[5].
- Les protagonistes ponctuels peuvent ne se trouver en gros que dans les textes oraux.

---

cette relation grammaticale est appelée le pivot (syntaxique) ; voir Van Valin 1993 : 56ss.

[5] Dans de tels cas, une stratégie séquentielle est peut-être employée, avec une forte codification référentielle à des fins de proéminence.

Le concept de protagoniste ponctuel entre facilement dans la catégorie plus vaste des CENTRES D'ATTENTION. En anglais, des signes montrent que, parmi les concepts actifs, quel que soit le moment, il n'y en a qu'un au centre de l'attention. Selon Linde (1979), seule cette entité au centre (si son genre est neutre) peut être désignée par le pronom *it*. Voyons (91) et (92), deux extraits de descriptions d'appartements.

(91) *And the living room was a very very small room with two windows that wouldn't open and things like that.*
 (Et le salon était vraiment tout petit avec deux fenêtres qui ne s'ouvraient pas et d'autres choses du même genre.)
 *And **it** looked nice.*
 (Et **il** était beau.)
 ***It** had a beautiful brick wall.*
 (**Il** avait un magnifique mur de brique.)

(92) *You entered into a tiny hallway and the kitchen was off **that**.*
 (On entrait dans un petit vestibule et la cuisine était après **celui-ci**.)

Selon Linde, *it* est utilisé (deux fois) en (91) parce qu'il renvoie à l'entité au centre de l'attention (le salon). *That*, en revanche, est employé en (92) pour désigner le vestibule car, avant cette occurrence, le locuteur a déjà fait passer le centre d'attention à la cuisine. Bien que la subtilité de ce type d'analyse puisse sans nul doute faire l'objet d'études ultérieures, on relèvera que *that* ne peut pas être utilisé à la place de *it* en (91), ni l'inverse en (92), sans que cela ne soit maladroit, même si le vestibule est, quels que soient les critères, encore en activité.

17.3 Décrire le système de référenciation

Dans une langue donnée, l'une des stratégies de référenciation présentées dans ce chapitre ou les deux seront en interaction avec les exigences élémentaires concernant la référence qui sont mentionnées dans la section 16.2, ce qui souvent rend la chose complexe. Il est utile pour décrire cela de faire appel à deux niveaux. Ce sont les cas par défaut et les cas particuliers :

- Le cas PAR DÉFAUT est la structure quand il n'y a pas de grande discontinuité, de surprise, etc.
- Les cas PARTICULIERS sont des structures qui apparaissent en présence de discontinuités, de surprises et autres éléments complexifiants.

Ce modèle, qui implique des règles de priorité, rend possible le maniement d'un grand nombre de variables. Dans de nombreuses langues, la stratégie par défaut semble être de type séquentiel, la stratégie du protagoniste étant réservées aux cas particuliers. Cela rendrait compte de la justesse statistique globale des stratégies séquentielles mentionnées par Fox (1987 : 159), tout en traitant les exceptions à cette règle et en prenant en compte d'autres facteurs.

Voici en (93) une description de l'encodage du sujet selon ce modèle pour l'anglais ; voir la section 18.2 pour une description du mofu-gudur du Cameroun.

(93) Encodage du sujet en anglais dans un texte narratif, simplifié (Fox 1987)

Cas par défaut:
- Si le sujet est identique à celui de la proposition précédente, employer un pronom.

Cas particulier :
- Au début d'une unité thématique, employer un GN complet.
- autres […]

Les stratégies de référenciation varient selon la langue et au sein de la langue, elles peuvent différer en fonction du genre, du style du locuteur et du média (oral ou écrit), à savoir, avec les types de textes dont il a été question aux chapitres 1 à 4. Dans le chapitre suivant est présentée une méthode d'analyse des structures de référenciation.

Concepts Clés :
stratégies de référenciation
   stratégie séquentielle (retour en arrière)
   stratégie du protagoniste
      stratégie générale
         actants mineurs
         actants principaux
         protagoniste général
      stratégie ponctuelle
         protagoniste ponctuel
         centre d'attention
encodage du sujet
   description de cas par défaut / cas particulier

18
Une méthode d'analyse des structures de référence

Plus nous sommes sûrs de la loi, plus nous savons que si de nouveaux facteurs étaient introduits, ils changeraient le résultat.
— C.S. Lewis, *Miracles*

Ce chapitre décrit une méthode pour identifier les différents facteurs affectant la quantité d'informations encodantes utilisées quand un locuteur fait référence à des actants tout au long de son discours. Elle comprend huit étapes[1].

18.1 Dresser un inventaire des façons d'encoder la référence actancielle

Il faut établir une liste des différentes façons dont la référence actancielle s'exprime dans la langue. En général, il existe quatre types de référence actancielle en fonction de la quantité de données encodantes. Ils sont similaires à ceux énumérés sur l'échelle des valeurs d'encodage que Givón a élaborée pour les expressions référentielles (section 16.1).

Dans le texte en mofu-gudur du Cameroun, choisi comme illustration de ce chapitre (voir [94]), il y a ces quatre catégories :
- l'anaphore zéro représentée par « — » (aucun nom ou groupe nominal) ;
- des pronoms atones (désignés ci-après comme préfixes ou suffixes verbaux) ;

---

[1] Ce chapitre s'inspire en grande partie de Levinsohn 1994 : 112–120, mais les étapes 4 et 5 ont subi une modification.

- des pronoms toniques (représentés par PN) ; et
- des noms avec ou sans qualificatif[2].

Le préfixe verbal est obligatoire et indique si le sujet est singulier (3sg) ou pluriel (3pl). Il ne s'ajoute cependant pas aux idéophones.

18.2 Préparer un tableau d'encodage actanciel du texte

Il est conseillé de commencer l'analyse actancielle sur un texte à la troisième personne du type de celui décrit dans la section 8.1. Ce tableau se composera de colonnes qui montreront l'encodage de la référence des sujets et des non-sujets.

Le tableau (94) compte cinq colonnes. À droite d'une étroite colonne où est indiqué la référence de la phrase (« Réf ») se trouve une colonne facultative où sont notés les connecteurs interphrastiques (« Conn ») et les spacers interpropositionnels (SP — section 11.7) du texte. Dans les deux colonnes suivantes, dans l'une est marqué en se servant des catégories de la section 18.1 (le sens des chiffres entre parenthèse est expliqué dans la section 18.3). Quand un non-sujet n'a pour toute référence qu'un suffixe verbal, il est indiqué dans la colonne « Non-sujet ». La dernière colonne donne une traduction libre (abrégée si nécessaire) des autres éléments de chaque proposition. Cela comprend le contenu des discours rapportés, ceux-ci étant inclus dans la structure générale du récit. Un point d'exclamation après la glose signale les idéophones.

(94) Tableau du texte en mofu-gudur

Réf.	Conn.	Sujet	Non-sujet	Traduction libre
1		étranger [1]		3sg-être.
2a		femme le [2]		3sg-ne pas trouver quelque chose ;
2b		PN [1]		3sg-ne pas trouver quelque chose.
3	Ensuite	faim	(suffixe) [1]	3sg-frapper-3sg.
4a	Alors	—— [1]		3sg-aller
4b		—— [1]		3sg-voyager.
5a		—— [1]		3sg-aller
5b	SP	—— [1]	enfants assis [3]	3sg-percevoir.

---

[2] Voir Pohlig et Levinsohn 1994 sur la fonction des qualificatifs. Le tableau de la partie 2 n'indique pas la présence ou non du qualificatif qui signale la saillance locale du référent.

18.2 Préparer un tableau d'encodage actanciel du texte

Tableau (*suite*)

Réf.	Conn.	Sujet	Non-sujet	Traduction libre
6		—— [1]	(suffixe) [3]	3sg-dire-à.3pl, « Que faites-vous ? »
7a				« Nous sommes assis à garder les bêtes, »
7b		enfants [3]	(suffixe) [1]	3pl-répondre-3sg comme cela.
8		—— [1]	—— [3]	—— « Que gardez-vous ? »
9		—— [3]	—— [1]	—— « Des moutons et des chèvres. »
10		—— [3]	étranger l' [1]	3pl-répondre, « Êtes-vous un voleur ? »
11a		—— [1]	—— [3]	—— « Volerai-je des enfants ?
11b				Toi là, comment t'essuierais-tu les mains ? »
12		enfant [3a]	—— [1]	3sg-dire, « Je les essuierais comme cela. »
13		—— [1]		—— « Toi là, est-ce aussi comme cela qu'on fait chez toi ? »
14a		enfant [3b]	—— [1]	3sg-dire, « Je les essuie comme cela, »
14b		—— [3b]		mimant un sourd muet.
15		étranger [1]		3sg-dire, « Toi là, comment t'essuies-tu les mains ? »
16		—— [3c]	—— [1]	—— « Mon père me donne du savon. »
17		étranger [1]	à enfant le [3c]	3sg-dire, « Allons chez toi ! »
18	Alors	—— [1/3c]	avec enfant le [3c]	3pl-aller à leur maison.
19a		—— [1/3c]		3pl-aller à leur maison
19b	SP	homme cet [4]	chèvre [5]	Tuer ! 3sg-tuer.
20		—— [4]		3sg-dire, « Un étranger est venu. »

Tableau (suite)

Réf.	Conn.	Sujet	Non-sujet	Traduction libre
21	Alors	femme cette [6]	(suffixe) [1/4] viande cette [5]	3sg-préparer-pour.3pl.
22	Alors	—— [1/4/6?]	(suffixe) [5]	3pl-manger-3s.
23		étranger [1]		3sg-dire, « Veuillez me donner s'il vous plait le pied ! »
24		femme cette [6]	au mari le [4]	—— « Donne-le lui donc ! »
25		mari le [4]	(suffixe) [6]	3sg-dire-à.3sg, « Comment ne lui donnerai-je qu'un pied ? »
26		femme cette [6]		3sg-dire, « Je vais à la rivière. »
27		mari le [4]	pour étranger [1]	Debout ! pour aller 3sg-chercher quelque chose.
28a		étranger SP [1]	dans la cuisine	sur la pointe des pieds ! entrer !
28b		—— [1]	patte [5a]	3sg-voler.
29a		—— [1]	patte [5a]	3sg-voler.
29b		—— [1]	(suffixe) [5a]	3sg-mordre-3sg
29c	SP	mari de femme cette [4]		revenir !
29d		femme cette [6]	de la rivière	revenir !
30	ensuite	honte	(suffixe) [4/6]	3sg-remplir-3pl.
31		étranger [1]	(suffixe) [4/6]	3sg-dire-à.3pl, « Laissez-moi simplement le pied … ! »
32		histoire la		3sg-fini.

18.3 Suivre les actants

Il convient d'attribuer un numéro à chaque actant apparaissant plus d'une fois dans un texte. Dans le tableau, on reportera ce numéro à côté des références actancielles (y compris les anaphores zéro).

Dans le tableau du texte en mofu-gudur (94) voici à quoi correspondent les chiffres désignant les actants : [1] l'étranger ; [2] sa femme ; [3] les enfants ; [3a], [3b], [3c] chaque enfant ; [4] le père des enfants ; [5] la chèvre / la viande ; [5a] le pied de chèvre cuisiné ; [6] la mère des enfants.

18.4 Identifier le contexte de chaque référence actancielle

Tout d'abord, il faut identifier le contexte de chaque *sujet activé* dans le texte. Pour chaque proposition ou phrase, on déterminera lequel des contextes suivants s'applique :

(95) S1   Le sujet est le même que dans la proposition ou phrase précédente

   S2   Le sujet était le destinataire du discours rapporté dans la phrase précédente (dans un dialogue fermé — chapitre 14)

   S3   Le sujet avait une fonction autre que sujet dans la phrase précédente sans être dans un dialogue fermé

   S4   Autres changements de sujet que ceux couverts par S2 et S3.

Les phrases françaises (96) reproduisant le texte mofu-gudur (94) illustrent ces quatre contextes. La référence sujette qui correspond au contexte concernée est en gras.

(96) S1   L'étranger est entré dans la cuisine. **Il** a volé le pied.

   S2   Les garçons ont demandé à l'étranger : « Êtes-vous un voleur ? » **Il** a répondu ...

   S3   La faim frappait l'étranger[3]. **Il** est allé à la recherche de nourriture.

   S4   Alors ils ont eu très honte. **L'étranger** leur a dit : ...

En général, le contexte S1 concerne aussi les cas où le sujet et le non sujet de la phrase précédente se combinent en un même sujet pluriel (« S1+ »). Dans l'extrait suivant (97), par exemple, *ils* fait référence à l'étranger et au garçon. D'habitude, de tels contextes sont traités dans les langues comme des cas de « même sujet » :

(97) S1   L'étranger dit au garçon : « Allons chez toi ! » **Ils** allèrent.

À chaque sujet en activité dans le texte, on attribuera une étiquette S1, S2, S3 ou S4 en fonction de son contexte. Ainsi, les sujets des sept premières phrases du texte en mofu-gudur (94) recevraient les étiquettes de (98) (INTRO signifie que les actants sont introduits ou activés pour la première fois) :

---

[3] A savoir : « L'étranger souffrait de la faim. »

(98) 1   intro
      2a   INTRO
      2b   S4
      3   INTRO
      4a   S3
      4b–6 S1
      7   S2

Identifions à présent le contexte pour chaque non sujet du texte. Pour chaque proposition ou phrase, il faut déterminer lequel des contextes suivants s'applique :

(99) N1 Le référent a une fonction non-sujette dans cette phrase et dans la phrase ou proposition précédente

      N2 Le destinataire du discours rapporté était le sujet (locuteur) du discours rapporté de la phrase précédente

      N3 Le référent avait dans la phrase précédente une fonction non-sujette différente de celle couverte par N2

      N4 Autres références non-sujet que celles couvertes par N1, N2 et N3

Les phrases en français (100) tirées du texte en mofu-gudur (94) illustrent les quatre contextes de (99). La référence qui correspond au contexte concerné est en gras.

(100) N1 Il a volé le pied. Quand il a volé **le pied** ...

      N2 Il leur a dit : ... Les enfants **lui** ont répondu : ...

      N3 Alors ils ont eu très honte. L'étranger **leur** dit : ...

      N4 L'étranger leur dit : « Donnez-moi le pied ! » La femme a dit à **son mari** : ...

Pour chaque non-sujet activé dans le texte, on attribuera l'étiquette N1, N2, N3 ou N4 en fonction de son contexte. Ainsi, les non-sujets des dix premières phrases du texte en mofu-gudur recevront les étiquettes suivantes :

(101) 3   N3
      5b   INTRO
      6   N3
      7–9   N2
      10   N1

18.5 Proposer un encodage par défaut pour chaque contexte

En fonction des statistiques ou d'une étude des données, on proposera un encodage par défaut pour chacun des contextes identifiés dans la section 18.4.

Dans le texte en mofu-gudur, les encodages provisoires par défaut pour les sujets pourraient être ceux de (102) (GN [groupe nominal] indique un nom avec ou sans qualificatif accompagné du préfixe verbal obligatoire — voir section 18.1).

(102) S1   zéro (avec idéophones)
            préfixe verbal (ailleurs)

       S2   GN

       S3   GN[4]

       S4   GN

Nous ne verrons pas dans ce chapitre les encodages par défaut pour les non-sujets en mofu-gudur.

18.6 Étudier le texte à la recherche d'encodages autres que celui par défaut

On indiquera pour chaque référence actancielle du texte si ce qui est employé est ou non l'encodage par défaut pour ce contexte. Si ce n'est pas le cas, on distinguera si la quantité d'information est inférieure ou supérieure à celle de l'encodage par défaut.

Ainsi, pour les phrases et les propositions du texte en mofu-gudur vues en (98), voici ce qui serait indiqué pour les quantités d'informations encodantes employées pour les sujets activés :

(103) 2b   S4 : moins que par défaut

       4a   S3 : moins que par défaut

       4b–6   S1 : défaut

       7   S2 : défaut

La quantité d'informations encodantes dans la proposition 2b est moindre que celle par défaut car le contexte S4 est un nom (groupe nominal), or on a seulement un pronom qui est employé. Il en est de même pour la proposition

---

[4] Le seul cas de contexte S3 dans ce texte est la proposition 4a, dont l'encodage est un préfixe verbal. Habituellement cependant, l'encodage par défaut pour S3 n'est jamais moindre que celui proposé pour S2.

4a. L'encodage par défaut pour le contexte S3 est un nom (groupe nominal), mais seul un préfixe verbal est employé.

Voyons à présent pourquoi la quantité d'informations encodantes peut être moindre ou supérieure à celle prédite.

18.6.1 Quand les informations encodantes sont moindres que celles prédites

Quand les informations encodantes sont moindres que celles par défaut, c'est en général parce que le référent est un protagoniste (section 17.2) et il n'y a donc qu'un seul actant principal sur scène, ou bien qu'il y ait la répétition d'un cycle d'événements.

Dans le texte en mofu-gudur (94), les propositions 2b et 4a contiennent des informations codantes moindres que celles proposées par défaut (voir [103]). De plus, il n'y a pas de discours citant dans les phrases 8, 9, 11, 13 et 16, même si l'encodage par défaut pour le contexte S2 est un nom (groupe nominal).

Cette moindre quantité d'informations encodantes que par défaut dans les propositions 2b et 4a est peut-être due au fait que le référent est un protagoniste et qu'il n'y pas d'autre actant principal sur scène (la femme de l'étranger n'apparaît plus dans le reste de l'histoire). Comme pour les phrases sans discours citant, on peut distinguer deux types de conversation :

- Les phrases 6 à 11 rapportent un dialogue fermé (chapitre 14) entre un étranger et un groupe d'enfants. Une fois que les actants sont en place, un discours citant ne s'utilise que si la conversation change de thème (phrase 7). Le fait qu'il y ait pour les préfixes verbaux du mofu-gudur une distinction du singulier et du pluriel aide à identifier les actants.
- Les discours rapportés dans les phrases 11b à 16, en revanche, consistent en trois paires adjacentes parallèles (chapitre 1 et section 14.2), chacune impliquant l'étranger et un enfant différent. Tous les locuteurs étant des individus, les préfixes verbaux n'aident pas à les identifier. Les discours citant ne sont omises que dans les phrases 13 et 16. Il serait nécessaire de disposer d'autres exemples de structures répétitives pour déterminer pourquoi ces formules ont été omises plutôt que les autres.

18.6.2 Quand les informations encodantes sont plus riches que celles prédites

Dans les cas où l'encodage est plus riche que celui proposé par défaut, on suivra une procédure similaire à celle décrite à la section 18.6.1. D'ordinaire, un encodage accru se trouve immédiatement après des éléments de discontinuité et en lien avec une emphase (Levinsohn 2000 : 140).

L'extrait suivant provenant d'un autre texte en mofu-gudur illustre l'accroissement des informations encodantes dans un contexte S1 (même sujet que dans la phrase précédente). En mofu-gudur, l'encodage par défaut pour un tel contexte est un préfixe verbal seul (section 18.5). L'expression adverbiale initiale *un jour* indique que la phrase b arrive immédiatement après une rupture temporelle, ce qui explique la présence d'un plus grand nombre d'informations codantes.

(104)   a. Après quoi, —— [chef]   3sg-mettre-3sg   [oiseau] à sa place.

b. Un jour,   chef   3sg-parti   pour champ.

18.7 Intégrer les modifications aux propositions

Une fois qu'on a déterminé les facteurs impliqués dans l'encodage quand sa quantité ne correspond pas aux prévisions, il peut être nécessaire de modifier la liste des contextes pour lesquels est proposé un encodage par défaut. Ainsi, si la quantité d'informations encodantes pour un contexte S3 est très souvent inférieure à la quantité par défaut proposée, l'encodage par défaut risque d'être modifié pour donner des quantités différentes en fonction du nombre d'actants sur scène. Par exemple, cela pourrait être « si un non sujet dans une proposition devient sujet de la suivante et si un actant principal interagit avec un actant mineur ou est seul ... ».

18.8 Généraliser les raisons des exceptions à l'encodage par défaut

Une fois que toutes les références interprétables comme des cas d'encodage par défaut ont été éliminées, les exceptions restantes doivent être considérées comme des formes particulières d'encodage. On déterminera la raison de cet encodage particulier pour chacun de ces cas et on en tirera des généralisations. Comme indiqué dans la section 18.6, l'encodage accru est en général dû à la présence d'une discontinuité et à de l'emphase tandis que l'encodage moindre sert habituellement à identifier un protagoniste.

Concepts Clés :
inventaire des façons d'encoder la référence actancielle
tableau d'encodage actanciel
suivi des actants
identifier le contexte de chaque référence actancielle
proposer un encodage par défaut dans des contextes définis
étudier le texte à la recherche d'encodage autres que celui par défaut
    informations encodantes moindres que celles prévues
    informations encodantes supérieures à celles prévues
modifier les hypothèses pour l'encodage par défaut
généraliser les raisons des exceptions à l'encodage par défaut

Appendice A :
« Le secret de maître Cornille »

1. Francet Marmaï, un vieux joueur de fifre, qui vient de temps en temps faire la veillée chez moi, en buvant du vin cuit, m'a raconté l'autre soir un petit drame de village dont mon moulin a été témoin il y a quelque vingt ans.
2. Le récit du bonhomme m'a touché, et je vais essayer de vous le redire tel que je l'ai entendu.
3. Imaginez-vous pour un moment, chers lecteurs, que vous êtes assis devant un pot de vin tout parfumé, et que c'est un vieux joueur de fifre qui vous parle.
4. Notre pays, mon bon monsieur, n'a pas toujours été un endroit mort et sans renom, comme il est aujourd'hui.
5. Autre temps, il s'y faisait un grand commerce de meunerie, et, dix lieues à la ronde, les gens des mas nous apportaient leur blé à moudre.
6. Tout autour du village, les collines étaient couvertes de moulins à vent.
7. De droite et de gauche, on ne voyait que des ailes qui viraient au mistral par-dessus les pins, des ribambelles de petits ânes chargés de sacs montant et dévalant le long des chemins et toute la semaine c'était plaisir d'entendre sur la hauteur le bruit des fouets, le craquement de la toile et le Dia hue ! des aides-meuniers.
8. Le dimanche, nous allions aux moulins, par bandes.
9. Là-haut, les meuniers payaient le muscat.

10. Les meunières étaient belles comme des reines, avec leurs fichus de dentelles et leurs croix d'or.
11. Moi, j'apportais mon fifre, et jusqu'à la noire nuit on dansait des farandoles.
12. Ces moulins-là, voyez-vous, faisaient la joie et la richesse de notre pays.
13. Malheureusement, des Français de Paris eurent l'idée d'établir une minoterie à vapeur, sur la route de Tarascon.
14. Tout beau, tout nouveau !
15. Les gens prirent l'habitude d'envoyer leurs blés aux minotiers, et les pauvres moulins à vent restèrent sans ouvrage.
16. Pendant quelque temps ils essayèrent de lutter, mais la vapeur fut la plus forte, et l'un après l'autre, pécaïre ! ils furent tous obligés de fermer.
17. On ne vit plus venir les petits ânes.
18. Les belles meunières vendirent leurs croix d'or.
19. Plus de muscat ! Plus de farandole !
20. Le mistral avait beau souffler, les ailes restaient immobiles.
21. Puis, un beau jour, la commune fit jeter toutes ces masures à bas, et l'on sema à leur place de la vigne et des oliviers.
22. Pourtant, au milieu de la débâcle, un moulin avait tenu bon et continuait de virer courageusement sur sa butte, à la barbe des minotiers.
23. C'était le moulin de maître Cornille, celui-là même où nous sommes en train de faire la veillée en ce moment.
24. Maître Cornille était un vieux meunier, vivant depuis soixante ans dans la farine et enragé pour son état.
25. L'installation des minoteries l'avait rendu comme fou.
26. Pendant huit jours, on le vit courir par le village, ameutant le monde autour de lui et criant de toutes ses forces qu'on voulait empoisonner la Provence avec la farine des minotiers.
27. « N'allez pas là-bas, disait-il ces brigands-là pour faire le pain se servent de la vapeur, qui est une invention du diable, tandis que moi je travaille avec le mistral et la tramontane, qui sont la respiration du bon Dieu. »
28. Et il trouvait comme cela une foule de belles paroles à la louange des moulins à vent ; mais personne ne les écoutait.

Appendice A : « Le secret de maître Cornille »

29. Alors, de mâle rage, le vieux s'enferma dans son moulin et vécut tout seul comme une bête farouche.
30. Il ne voulut pas même garder près de lui sa petite-fille Vivette, une enfant de quinze ans, qui, depuis la mort de ses parents, n'avait plus que son grand au monde.
31. La pauvre petite fut obligée de gagner sa vie et de se louer un peu partout dans les mas, pour la moisson, les magnans ou les olivades.
32. Et pourtant son grand-père avait l'air de bien l'aimer, cette enfant-là.
33. Il lui arrivait souvent de faire ses quatre lieues à pied par le grand soleil pour aller la voir au mas où elle travaillait, et quand il était près d'elle, il passait des heures entières à la regarder en pleurant.
34. Dans le pays on pensait que le vieux meunier, en renvoyant Vivette, avait agi par avarice, et cela ne lui faisait pas honneur de laisser sa petite-fille ainsi traîner d'une ferme à l'autre, exposée aux brutalités des baïles et à toutes les misères des jeunesses en condition.
35. On trouvait très-mal aussi qu'un homme du renom de maître Cornille, et qui jusque-là s'était respecté, s'en allât maintenant par les rues comme un vrai bohémien, pieds nus, le bonnet troué, la taillole en lambeaux.
36. Le fait est que le dimanche, lorsque nous le voyions entrer à la messe, nous avions honte pour lui, nous autres les vieux ; et Cornille le sentait si bien qu'il n'osait plus venir s'asseoir sur le banc d'œuvre.
37. Toujours il restait au fond de l'église, près du bénitier, avec les pauvres.
38. Dans la vie de maître Cornille il y avait quelque chose qui n'était pas clair.
39. Depuis longtemps personne, au village, ne lui portait plus de blé, et pourtant les ailes de son moulin allaient toujours leur train comme devant.
40. Le soir, on rencontrait par les chemins le vieux meunier poussant devant lui son âne chargé de gros sacs de farine.
41. « Bonnes vêpres, maître Cornille lui criaient les paysans ça va donc toujours, la meunerie ? »
42. « Toujours, mes enfants, répondait le vieux d'un air gaillard. Dieu merci, ce n'est pas l'ouvrage qui nous manque. »
43. Alors, si on lui demandait d'où diable pouvait venir tant d'ouvrage, il se mettait un doigt sur les lèvres et répondait gravement « Motus je travaille pour l'exportation. »
44. Jamais on n'en put tirer davantage.

45. Quant à mettre le nez dans son moulin, il n'y fallait pas songer.
46. La petite Vivette elle-même n'y entrait pas.
47. Lorsqu'on passait devant, on voyait la porte toujours fermée, les grosses ailes toujours en mouvement, le vieil âne broutant le gazon de la plate-forme, et un grand chat maigre qui prenait le soleil sur le rebord de la fenêtre et vous regardait d'un air méchant.
48. Tout cela sentait le mystère et faisait beaucoup jaser le monde.
49. Chacun expliquait à sa façon le secret de maître Cornille, mais le bruit général était qu'il y avait dans ce moulin-là encore plus de sacs d'écus que de sacs de farine.
50. A la longue pourtant tout se découvrit voici comment :
51. En faisant danser la jeunesse avec mon fifre, je m'aperçus un beau jour que l'aîné de mes garçons et la petite Vivette s'étaient rendus amoureux l'un de l'autre.
52. Au fond je n'en fus pas fâché, parce qu'après tout le nom de Cornille était en honneur chez nous, et puis ce joli petit passereau de Vivette m'aurait fait plaisir à voir trotter dans ma maison.
53. Seulement, comme nos amoureux avaient souvent occasion d'être ensemble, je voulus, de peur d'accidents, régler l'affaire tout de suite, et je montai jusqu'au moulin pour en toucher deux mots au grand-père.
54. Ah ! le vieux sorcier !
55. Il faut voir de quelle manière il me reçut.
56. Impossible de lui faire ouvrir sa porte.
57. Je lui expliquai mes raisons tant bien que mal, à travers le trou de la serrure et tout le temps que je parlais, il y avait ce coquin de chat maigre qui soufflait comme un diable au-dessus de ma tête.
58. Le vieux ne me donna pas le temps de finir, et me cria fort malhonnêtement de retourner à ma flûte ; que, si j'étais pressé de marier mon garçon, je pouvais bien aller chercher des filles à la minoterie.
59. Pensez que le sang me montait d'entendre ces mauvaises paroles mais j'eus tout de même assez de sagesse pour me contenir, et, laissant ce vieux fou à sa meule, je revins annoncer aux enfants ma déconvenue.
60. Ces pauvres agneaux ne pouvaient pas y croire ils me demandèrent comme une grâce de monter tous deux ensemble au moulin, pour parler au grand-père.
61. Je n'eus pas le courage de refuser, et prrrt voilà mes amoureux partis.

Appendice A : « Le secret de maître Cornille »

62. Tout juste comme ils arrivaient là-haut, maître Cornille venait de sortir.
63. La porte était fermée à double tour mais le vieux bonhomme, en partant, avait laissé son échelle dehors, et tout de suite l'idée vint aux enfants d'entrer par la fenêtre, voir un peu ce qu'il y avait dans ce fameux moulin.
64. Chose singulière la chambre de la meule était vide.
65. Pas un sac, pas un grain de blé ; pas la moindre farine aux murs ni sur les toiles d'araignée.
66. On ne sentait pas même cette bonne odeur chaude de froment écrasé qui embaume dans les moulins.
67. L'arbre de couche était couvert de poussière, et le grand chat maigre dormait dessus.
68. La pièce du bas avait le même air de misère et d'abandon un mauvais lit, quelques guenilles, un morceau de pain sur une marche d'escalier, et puis dans un coin trois ou quatre sacs crevés d'où coulaient des gravats et de la terre blanche.
69. C'était là le secret de maître Cornille ! C'était ce plâtras qu'il promenait le soir par les routes, pour sauver l'honneur du moulin et faire croire qu'on y faisait de la farine.
70. Pauvre moulin ! Pauvre Cornille !
71. Depuis longtemps, les minotiers leur avaient enlevé leur dernière pratique.
72. Les ailes viraient toujours, mais la meule tournait à vide.
73. Les enfants revinrent, tout en larmes, me conter ce qu'ils avaient vu.
74. J'eus le cœur crevé de les entendre.
75. Sans perdre une minute, je courus chez les voisins, je leur dis la chose en deux mots, et nous convînmes qu'il fallait, sur l'heure, porter au moulin de Cornille tout ce qu'il il y avait de froment dans les maisons.
76. Sitôt dit, sitôt fait.
77. Tout le village se met en route, et nous arrivons là-haut avec une procession d'ânes chargés de blé, du vrai blé, celui-là.
78. Le moulin était grand ouvert.
79. Devant la porte, maître Cornille, assis sur un sac de plâtre, pleurait, la tête dans ses mains.
80. Il venait de s'apercevoir, en rentrant, que pendant son absence on avait pénétré chez lui et surpris son triste secret.

81. « Pauvre de moi disait-il.
82. Maintenant, je n'ai plus qu'à mourir.
83. Le moulin est déshonoré. »
84. Et il sanglotait à fendre l'âme, appelant son moulin par toutes sortes de noms, lui parlant comme à une personne véritable.
85. A ce moment, les ânes arrivent sur la plate-forme, et nous nous mettons tous à crier bien fort comme au beau temps des meuniers « Ohé ! du moulin ! Ohé ! maître Cornille »
86. Et voilà les sacs qui s'entassent devant la porte et le beau grain roux qui se répand par terre, de tous côtés.
87. Maître Cornille ouvrait de grands yeux.
88. Il avait pris du blé dans le creux de sa vieille main et il disait, riant et pleurant à la fois « C'est du blé ! ... Seigneur Dieu ! ... Du bon blé ! Laissez-moi, que je le regarde. »
89. Puis, se tournant vers nous : « Ah je savais bien que vous me reviendriez. Tous ces minotiers sont des voleurs. »
90. Nous voulions l'emporter en triomphe au village :
91. « Non, non, mes enfants ; il faut avant tout que j'aille donner à manger à mon moulin. Pensez donc ! il y a si longtemps qu'il ne s'est rien mis sous la dent. »
92. Et nous avions tous des larmes dans les yeux de voir le pauvre vieux se démener de droite et de gauche, éventrant les sacs, surveillant la meule, tandis que le grain s'écrasait et que la fine poussière de froment s'envolait au plafond.
93. C'est une justice à nous rendre à partir de ce jour-là, jamais nous ne laissâmes le vieux meunier manquer d'ouvrage.
94. Puis un matin, maître Cornille mourut, et les ailes de notre dernier moulin cessèrent de virer, pour toujours cette fois.
95. Cornille mort, personne ne prit sa suite.
96. Que voulez-vous, monsieur ?
97. Tout a une fin en ce monde, et il faut croire que le temps des moulins à vent était passé comme celui des coches sur le Rhône, des parlements et des jaquettes à grandes fleurs[1].

---

[1] Nouvelle tirée des *Lettres de mon moulin* d'Alphonse Daudet Charpentier (et Fasquelle), 1887 (réimp. 1895), pp. 23–35 (https://fr.wikisource.org/wiki/Lettres_de_mon_moulin/Le_secret_de_ma%C3%AEtre_Cornille ; consulté le 21 novembre, 2017).

Appendice B : "The Train Ride"

(« Le voyage en train »)

1. When the one year we were going to come to Omaha for Christmas.
2. And we thought that since the roads are often very icy that it might be safer and wiser if we took the train,
3. and then we wouldn't have to worry about road conditions.
4. So, we got on a lovely train in Duluth.
5. It was really nice, and we thought, "Oh, boy, this is going to be fun.
6. Fun for us and fun for the four kids." (2.1)
7. And then we got off in Minneapolis where we had to change trains.

1. Quand une année on allait se rendre à Omaha pour Noël.
2. Et on a pensé que vu que les routes sont souvent verglacées, ce serait sûrement plus sûr et plus sage de prendre le train,
3. et comme ça on n'aurait pas besoin de s'inquiéter de l'état des routes.
4. Alors on est montés à bord d'un charmant petit train à Duluth.
5. C'était très bien et on s'est dit : « Chouette, on va bien s'amuser
6. nous, et les quatre enfants. » (2.1)[1]
7. Et ensuite on est descendus à Minneapolis où on devait changer de train.

---

[1] Les pauses importantes supérieures à une seconde sont indiquées numériquement ; les pauses mineures sont indiquées par la ponctuation.

8 And when it was time to get on the next train, we got in line. (2.5)	8 Et quand il a été l'heure de monter dans le train d'après, on s'est mis dans la file d'attente. (2.5)
9 And then nothing happened.	9 Et et ensuite, il ne s'est rien passé.
10 We stood there, and stood there.	10 On est restés debout au même endroit, encore et encore.
11 And finally, they told us, "The train is late."	11 Et finalement ils nous ont dit « Le train a du retard. »
12 "Well, when will the next train be leaving?"	12 « Eh bien, quand est-ce que le prochain train, quand est-ce que le train va partir ? »
13 "Oh, maybe in a couple hours." (1.2)	13 « Oh peut-être dans deux ou trois heures. » (1.2)
14 So, in a couple hours we got back in line again, waiting to get on the train, with zillions of other people.	14 Donc quelques heures plus tard, on s'est remis dans la file, en attendant de monter dans le train, avec une foultitude d'autres personnes.
15 But, again, they announced the train will be later.	15 Mais encore une fois, ils ont annoncé que le train aurait du retard.
16 "Why is the train going to be later?"	16 « Pourquoi est-ce que le train a du retard ? »
17 "The train is going to be later because they don't have an engine.	17 « Le train va avoir du retard parce qu'ils n'ont pas de moteur.
18 We have to find an engine before we can move this train out of here." (1.4)	18 Il faut qu'on trouve un moteur pour bouger ce train d'ici. » (1.4)
19 So after waiting another two hours, it was finally announced, "Train for Omaha will be leaving in so many minutes."	19 Donc après encore deux heures d'attente, on nous a enfin annoncé : « Le train pour Omaha partira dans tant de minutes. »
20 So again we hustled everybody together and gathered all our packages and started for the train.	20 Donc encore une fois on a poussé tout le monde, rassemblé nos bagages et on est allés vers le train.

Appendice B : "The Train Ride" (« Le voyage en train »)

21 Only, because we had all these little children trying to get to the train, were moving slower than other people. (1.2)	21 Seulement, parce que nous essayions d'amener tous ces jeunes enfants dans le train, nous allions plus lentement que les autres. (1.2)
22 And so by the time we got to the train, there were no seats left on the one and only coach.	22 Et donc au moment où on est arrivés dans le train, il n'y avait plus de sièges libres dans le seul et unique wagon.
23 "Now what do we do?"	23 « Qu'est-ce qu'on fait maintenant ? »
24 They had a solution.	24 Ils avaient une solution.
25 They had an empty boxcar, or mail car I guess it was, that um didn't have any seats in it.	25 ils avaient un wagon de marchandises vide, je crois que c'était un wagon postal, qui heu n'avait pas de siège.
26 But if we wanted to go on the train, we could go on the train and sit on the floor.	26 Mais si on voulait monter dans le train, on pouvait monter dans le train et nous asseoir par terre.
27 Which we decided we would do since we wanted to get to Omaha and not stay in Minneapolis all night in the train station.	27 Ce qu'on a décidé de faire vu qu'on voulait arriver à Omaha et pas passer la nuit dans la gare de Minneapolis.
28 And that worked pretty well because sitting on the floor, the kids could lay down on the floor and go to sleep.	28 Et c'était plutôt bien, parce qu'en étant par terre, les enfants pouvaient s'allonger et dormir.
29 And it was probably more comfortable than sitting in a seat for them. (1.7)	29 Et c'était sûrement plus confortable pour eux que d'être assis dans un siège. (1.7)
30 But then as day broke, we came into the middle of Iowa.	30 Mais ensuite, au lever du jour, on est arrivés au milieu de l'Iowa.
31 And uh-oh, the train stops.	31 et oh-oh le train s'arrête.
32 "What's the problem?"	32 « C'est quoi le problème ? »
33 "Oh, there's been a train derailment up ahead.	33 « Oh, il y a eu un déraillement de train un peu plus loin.
34 We can't get through.	34 On ne peut pas avancer.
35 We have to stop here for hours and hours." (2.0)	35 Il faut qu'on reste arrêtés là pendant des heures et des heures. » (2.0)

36 Well, since our little train was a little bit primitive with one passenger car and the rest were boxcars, um there was nothing to eat of course.	36 Et vu que notre petit train était un peu primitif avec son unique wagon de voyageurs et que les autres étaient des wagons de marchandises, heu il n'y avait rien à manger bien sûr.
37 And with four little children and two of them not even a year old yet, it was a little hectic.	37 Et avec quatre enfants dont deux qui n'ont même pas un an, c'était un peu chaotique.
38 And they were a little hungry. (1.3)	38 Et ils avaient un peu faim. (1.3)
39 So we could see off in the distance that there was a little town.	39 Et on pouvait apercevoir au loin une petite ville.
40 But for some strange reason, I was the only one that had boots.	40 Mais très bizarrement, j'étais la seule qui avait des bottes.
41 So we plodded off across the field to this little town, to try and find some food for the people on the train.	41 Donc on a traversé péniblement le champ jusqu'à cette petite ville, pour essayer de trouver de la nourriture pour les gens dans le train.
42 There were a few other people that went with, but I led the way because I had my boots.	42 Il y avait quelques personnes qui sont venues avec nous, mais c'est moi qui étais devant parce que j'avais des bottes.
43 So we found a little bit of grub, not too much in that little town because about all they had there was a bar.	43 On a donc trouvé un peu de bouffe. I'en avait pas beaucoup dans cette petite ville parce que tout ce qu'ils avaient c'était un bar.
44 And they didn't have too much on hand that we could eat. (2.7)	44 et ils n'avaient pas grand-chose sous la main qu'on pouvait manger. (2.7)
45 So then we came back to the train, and after about six hours, we finally got moving again.	45 Donc ensuite on est revenus au train, et après environ six heures, le train s'est finalement remis en route.
46 We had gone a short distance, maybe less than a hundred miles, and we came to a railroad crossing.	46 On avait parcouru une courte distance, à peu près cent kilomètres, et on est arrivés à un passage à niveau.
47 And guess what — the train hit a car. (1.0)	47 et devinez quoi — le train a heurté une voiture. (1.0)
48 Another slight delay happened.	48 Encore un petit retard.

49 And so we sat there until all that was taken care of and cleared away.	49 Et donc on est restés assis là jusqu'à ce qu'ils se soient occupés de tout et aient libéré la voie.
50 And we arrived into Omaha, finally 24 hours after we were supposed to have been there, spending all this time on the train.	50 Et on est arrivés à Omaha, enfin, 24 heures après l'heure prévue, tout ce temps passé dans le train,
51 Which we could have driven and probably been a lot safer and a lot more comfortable. (1.0)	51 qu'on aurait pu avoir passé dans la voiture, et ça aurait sûrement été beaucoup plus sûr et confortable. (1.0)
52 But it was an experience that we will not soon forget.	52 Mais c'était une expérience qu'on n'est pas prêts d'oublier.
53 And, it really caused our desire to ride on trains to disappear once and for all. (2.8)	53 Et ça a fait que notre désir de prendre le train a complètement disparu, une bonne fois pour toutes. (2.8)
54 To add to this dilemma and frustration, we had to go back on the train since we didn't have a car.	54 En plus de toute cette frustration, on devait rentrer en train vu qu'on n'avait pas de voiture.
55 So we decided to switch to another railroad line which maybe would be a little bit more ... up to date.	55 Donc on a décidé de prendre une autre ligne de chemin de fer qui serait peut-être une peu plus ... moderne.
56 Well, the train was up to date.	56 Bon, le train était moderne.
57 But again they didn't have enough room.	57 Mais là encore, ils n'avaient pas assez de place.
58 So instead of sitting in a boxcar, we got to sit on our suitcases on the way home, from Omaha to Minneapolis.	58 Donc au lieu de nous retrouver assis dans un wagon de marchandises, on s'est retrouvés assis sur nos valises sur le chemin du retour, d'Omaha à Minneapolis.
59 About halfway there, there was some nice couple that decided to let us sit in the, or share their seat.	59 A mi-chemin il y a un gentil couple qui a décidé de nous laisser nous asseoir dans le, enfin partager leur siège.
60 And so we took turns sitting on suitcases and sitting on the seat.	60 Et donc à tour de rôle on s'est assis sur les valises puis le siège,

61 Because with the little kids it was rather difficult to sit on the suitcases. (1.7)	61 parce qu'avec de jeunes enfants, c'était assez difficile de rester assis sur les valises. (1.7)
62 And then when we finally got to Minneapolis, and we're thinking, "Oh boy, now maybe we can get on the nice train from Minneapolis to Duluth."	62 Et quand on est enfin arrivés à Minneapolis et qu'on se dit : « Oh chouette, peut-être que cette fois on va pouvoir monter dans le charmant petit train de Minneapolis à Duluth. »
63 We got on one that probably went back to the 1880s that looked like an old street car. (1.8)	63 On s'est retrouvés dans un train qui datait sûrement du 19ème siècle et qui ressemblait à une vieille diligence. (1.8)
64 So once again we were disappointed and had a very reluctant—oh, reluctant isn't the right word—we had a very disappointing ride on a train.	64 Donc une fois de plus on était déçus et c'est à contrecœur — non, à contrecœur n'est pas le bon mot — c'est très déçus que nous avons passés ce dernier voyage en train.
65 And to say the least, we never rode the train in the United States again[1].	65 Et inutile de dire qu'on n'a jamais refait de voyage en train aux États-Unis.

---

[1] Texte oral brut de Patricia Olson (Olson 1992 : 71–72).

Appendice C : Extrait de « Le guérisseur et sa femme »

Dans l'extrait suivant, *kàn* est le marqueur de développement alors que *kìn* et *ma* sont des connecteurs additifs (voir chapitre 13 et plus loin). Ces marqueurs apparaissent entre le sujet et le verbe[1]. Les énoncés sont numérotés et les lettres correspondent aux propositions.

Quelques phrases d'introduction précèdent le début de l'extrait. On y apprend qui sont le guérisseur et sa femme, qu'ils ont un enfant et que la femme ignore le fait que son mari avait pour habitude de manger les gens. Ce prélude informe également l'allocutaire que c'est le guérisseur qui surveillait l'enfant lorsque sa mère partait travailler, et qu'il le divertissait en lui chantant des chansons et en jouant avec un collier qu'il avait fait à partir des ongles de ses victimes.

1a	Bashila		rentrait du travail
	elle	*kàn*	entendit le guérisseur chanter à leur enfant [qu'il avait l'habitude d'aller manger les ens]
1b	elle		se tint à côté de la pièce
1c	elle		entendit le chant qu'il chantait.
2a	Bashila	*kìn*	passa

---

[1] La particule *si*, qui marque le premier plan, apparaît également entre le sujet et le verbe dans plusieurs propositions de cet extrait (voir Follingstad 1994).

2b–d		elle		entra, se retourna et resta silencieuse.
3a		Il		prit l'enfant
3b		il		le donna à Bashila.
4	Ce fut le matin,	il		se leva, il se leva.
5a	Quand il se leva,	il		partit,
5b		il		partit encore manger des gens.
6a	Quand il partit pour manger des gens,			
		Bashila	ma kàn	se leva
6b		elle	kìn	rassembla ses affaires
6c		elle		alla chercher des cendres
6d		elle		ajouta un œuf
6e		elle		mit les affaires sur sa tête
6f		elle		prit la route.
7a	Elle prit la route, elle marcha, elle marcha, elle marcha,			
		elle	kàn	regarda
7b		elle		vit le guérisseur.
8		le guérisseur	ma kàn	la vit.
9		le guérisseur		« Quelle sorte de femme ressemble à ça ? »
10a	Il marcha, il marcha, il marcha, la femme restant à ses côtés,			
		elle	kàn	frotta les cendres sur son visage
10b		elle	kàn	mit l'œuf dans sa bouche.
11a	Elle arriva près de lui,	elle	kàn	croqua l'œuf
11b		elle		le croqua dans sa bouche
11c		l'œuf	kàn	éclata [sur son visage].

12a	Là	il	dit que cette femme ce n'était pas son épouse,
12b			qu'elle pouvait passer.
13		La femme *kìn*	passa[1].

Observations

Les particules *kàn* et *kìn* n'apparaissent pas dans les phrases d'introduction. Le premier emploi de *kàn* correspond à l'événement qui modifie l'attitude de Bashila vis à vis de son mari : alors qu'elle rentre du travail elle entend ce qu'il chante et découvre ainsi qu'il est cannibale (énoncé 1). Les marqueurs suivants de développement apparaissent dans les énoncés 6-7 puis 8-9. Dans la suite du récit, lorsque l'histoire racontée dans cet extrait atteint son paroxysme, chacun des actes de la revanche de la femme est marqué comme un nouveau développement (énoncés 10-11).

Dans l'énoncé 6, la particule *kàn* marque l'ensemble de l'énoncé comme nouveau développement. L'histoire va se dérouler à travers les actions de Bashila, et non par celles de son mari, mais l'élément significatif du déroulement n'est pas le fait qu'elle se lève (6a — il s'agit d'un acte quotidien), mais les événements contenus dans le reste de l'énoncé. Ces événements sont ajoutés à 6a par *kìn*.

Ce passage met en évidence deux fonctions de la particule *kìn* : la confirmation (le guérisseur dit à sa femme de passer son chemin et c'est ce qu'elle fait — énoncés 12-13) et l'ajout d'information d'importance inégale. Dans les énoncés 1 et 2 par exemple, l'information introduite par *kìn* est moins importante que ce que la femme a entendu. En revanche, dans l'énoncé 6, l'information introduite par *kìn* est très importante.

---

[1] Texte oral traduit du tyap, une langue du Nigeria (voir Follingstad 1994 : 155, 165-166).

Références

Aaron, Uche E. « Discourse factors in Bible translation: A discourse manifesto revisited ». *Notes on Translation* 12:1-12, 1998.

Adams, Marilyn Jager et Allan Collins. « A schema-theoretic view of reading », dans *New directions in discourse processing*, sous la dir. de Roy O. Freedle, 1-22. Norwood, NJ : Ablex, 1979.

Aissen, Judith L. « Topic and focus in Mayan ». *Language* 68.43-80, 1992.

Anderson, Stephen R. et Edward Keenan. « Deixis », dans *Language typology and syntactic description*, sous la dir. de Timothy Shopen, 3.259-308. Cambridge : Cambridge Univ. Press, 1985.

Andrews, Avery. « The major functions of the noun phrase », dans *Language typology and syntactic description*, sous la dir. de Timothy Shopen, 1.62-154. Cambridge : Cambridge Univ. Press, 1985.

Bakhtin, M. M. « The problem of speech genres », dans *Speech genres and other late essays*, sous la dir. de M. M. Bakhtin, 60-102. Austin, TX : Univ. of Texas Press, 1986.

Barnes, Janet. « Evidentials in the Tuyuca verb », *International Journal of American Linguistics* 50.255-271, 1984.

Bartsch, Carla. « Oral style, written style, and Bible translation », *Notes on Translation* 11.41-48, 1997.

Beekman, John, John Callow et Michael Kopesec. *The semantic structure of written communication*, 5ᵉ éd. Dallas, TX : Summer Institute of Linguistics, 1981.

Beneš, Eduard. « Die Verbstellung im Deutschen, von der Mitteilungsperspektive her betrachtet », *Phonologica Pragensia* 5.6-19, 1962.

Biber, Douglas. *Variation across speech and writing.* Cambridge : Cambridge Univ. Press, 1988.

Blakemore, Diane. *Semantic constraints on relevance.* Oxford : Blackwell, 1987.

Blakemore, Diane. *Understanding utterances: An introduction to pragmatics.* Oxford : Blackwell, 1992.

Blass, Regina. *Relevance relations in discourse: A study with special reference to Sissala.* Cambridge : Cambridge Univ. Press, 1990.

Blass, Regina. « Constraints on relevance in Koiné Greek in the Pauline letters. » Nairobi : Summer Institute of Linguistics, Exegetical Seminar, May 29–June 19, 1993.

Bolinger, Dwight L. « Linear modification », *PMLA* 67.1117–1144, 1952.

Bolinger, Dwight L. « Another glance at main clause phenomena », *Language* 53.11–19, 1977.

Brewer, William F. « The story schema: Universal and culture-specific properties », dans *Literacy, language, and learning: The nature and consequences of reading and writing,* sous la dir. de David R. Olson, Nancy Torrance et Angela Hildyard, 167–194. Cambridge : Cambridge Univ. Press, 1985.

Brown, Gillian et George Yule. *Discourse analysis.* Cambridge : Cambridge Univ. Press, 1983.

Callow, Kathleen. *Discourse considerations in translating the Word of God.* Grand Rapids, MI : Zondervan, 1974.

Chafe, Wallace L. « Givenness, contrastiveness, definiteness, subjects, topics, and point of view », dans *Subject and topic,* sous la dir. de Charles N. Li, 25–56. New York : Academic Press, 1976.

Chafe, Wallace L. « The deployment of consciousness in narrative », dans *The pear stories: Cognitive, cultural, and linguistic aspects of narrative production,* sous la dir. de Wallace L. Chafe, 9–50. Norwood, NJ : Ablex, 1980.

Chafe, Wallace L. « Information flow in Seneca and English », *Proceedings of the Eleventh Annual Meeting of the Berkeley Linguistics Society,* 14–24, 1985a.

Chafe, Wallace L. « Linguistic differences produced by differences between speaking and writing », dans *Literacy, language, and learning: The nature and consequences of reading and writing,* sous la dir. de David R. Olson, Nancy Torrance et Angela Hildyard, 105–123. Cambridge : Cambridge Univ. Press, 1985b.

Chafe, Wallace L. « Cognitive constraints on information flow », dans *Coherence and grounding in discourse,* sous la dir. de Russell S. Tomlin, 21–51. Amsterdam : John Benjamins, 1987.

Chafe, Wallace L. « Discourse: An overview », dans *International Encyclopedia of Linguistics,* sous la dir. de William Bright, 1.356–358. New York : Oxford Univ. Press, 1991.

Chafe, Wallace L. « The flow of ideas in a sample of written language », dans *Discourse description: Diverse linguistic analyses of a fund-raising text*, sous la dir. de William C. Mann et Sandra A. Thompson, 267–294. Amsterdam : John Benjamins, 1992.

Chomsky, Noam. « Deep structure, surface structure, and semantic representation », dans *Semantics*, sous la dir. de Danny D. Steinberg et Leon A. Jakobovits, 183–216. Cambridge : Cambridge Univ. Press, 1971.

Comrie, Bernard. *Language universals and linguistic typology*, 2ᵉ éd. Chicago, IL : Univ. of Chicago Press, 1989.

Coulthard, Malcolm. *An introduction to discourse analysis*. Londres : Longman, 1977.

Crozier, David H. « A study in the discourse grammar of Cishingini ». Thèse de doctorat, Univ. of Ibadan, Nigeria, 1984.

Crystal, David. *A dictionary of linguistics and phonetics*, 4ᵉ éd. Oxford : Blackwell, 1997.

Cruttenden, Alan. *Intonation*. Cambridge : Cambridge Univ. Press, 1986.

Dayley, Jon. *Tzutujil grammar*. Berkeley : Univ. of California Press, 1985.

De Beaugrande, Robert. « The story of discourse analysis », dans *Discourse studies: A multidisciplinary introduction. Vol. 1: Discourse as structure and process*, sous la dir. de Teun A. van Dijk, 35–62. Londres : Sage, 1997.

De Beaugrande, Robert et Wolfgang U. Dressler. *Introduction to text linguistics*. Londres : Longman, 1981.

DeLancey, Scott. « Transitivity in grammar and discourse », dans *Coherence and grounding in discourse*, sous la dir. de Russell S. Tomlin, 53–68. Amsterdam : John Benjamins, 1987.

Derbyshire, Desmond C. *Hixkaryana and linguistic typology*. Dallas, TX : Summer Institute of Linguistics et l'Univ. du Texas à Arlington, 1985.

Dijk, Teun A. van. *Text and context*. Londres : Longman, 1977.

Dijk, Teun A. van., éd. *Discourse studies: A multidisciplinary introduction. Vol. 1: Discourse as structure and process*. Londres : Sage, 1997.

Dik, Simon. *Functional grammar*. Amsterdam : North-Holland, 1978.

Dik, Simon, Maria E. Hoffman, Jan R. de Jong, Sie Ing Djiang, Harry Stroomer et Lourens de Vries. « On the typology of focus phenomenon », dans *Perspectives on functional grammar*, sous la dir. de Teun Hoekstra, Harry van der Hulst et Michael Moortgat, 41–74. Dordrecht : Foris, 1981.

Dooley, Robert A. « Options in the pragmatic structuring of Guaraní sentences », *Language* 58.307–331, 1982.

Dooley, Robert A. « The positioning of non-pronominal clitics and particles in lowland South American languages », dans *Amazonian linguistics: Studies in lowland South American languages*, sous la dir. de Doris L. Payne, 457–483. Austin, TX : Univ. of Texas Press, 1990.

Dry, Helen Aristar. « Foregrounding: An assessment », dans *Language in context: Essays for Robert E. Longacre*, sous la dir. de Shin Ja J. Hwang et William R. Merrifield, 435-450. Dallas, TX : Summer Institute of Linguistics et l' Univ. du Texas à Arlington, 1992.

Dryer, Matthew. « The Greenbergian word order correlations », *Language* 68.81-138, 1992.

Eggins, Suzanne et J. R. Martin. « Genres and registers of discourse », dans *Discourse studies: A multidisciplinary introduction. Vol. 1: Discourse as structure and process*, sous la dir. de Teun A. van Dijk, 230-256. Londres : Sage, 1997.

Everett, Daniel L. « Formal linguistics and field work », *Notes on Linguistics* 57.11-25, 1992.

Fillmore, Charles J. « Pragmatics and the description of discourse », dans *Radical pragmatics*, sous la dir. de Peter Cole, 143-166. New York : Academic Press, 1981.

Finnegan, Ruth. *Oral literature in Africa*. Oxford : Clarendon Press, 1970.

Firbas, Jan. « From comparative word-order studies », *BRNO studies in English* 4.111-126, 1964.

Fischer, J. L. « The sociopsychological analysis of folktales », *Current Anthropology* 4.235-295, 1963.

Follingstad, Carl M. « Thematic development and prominence in Tyap discourse », dans *Discourse features in ten languages of West-Central Africa*, sous la dir. de Stephen H. Levinsohn, 151-190. Dallas, TX : Summer Institute of Linguistics et l'Univ. du Texas à Arlington, 1994.

Fox, Barbara A. « Anaphora in popular written English narratives », dans *Coherence and grounding in discourse*, sous la dir. de Russell S. Tomlin, 157-174. Amsterdam : John Benjamins, 1987.

Frank, Lynn. « Characteristic features of oral and written modes of language: Additional bibliography », *Notes on Linguistics* 25.34-37, 1983.

Garvin, Paul L. « Czechoslovakia », dans *Current trends in linguistics*, sous la dir. de Thomas A. Sebeok, 1.499-522. La Hague : Mouton, 1963.

Givón, Talmy. « Logic versus pragmatics, with human language as the referee: Toward an empirically viable epistemology », *Journal of Pragmatics* 6.81-133, 1982.

Givón, Talmy, éd. *Topic continuity in discourse*. Amsterdam : John Benjamins, 1983.

Givón, Talmy. *Syntax: A functional-typological introduction*, 2 vols. Amsterdam : John Benjamins, 1984/90.

Graesser, Arthur C., Morton A. Gernsbacher et Susan R. Goldman. « Cognition », dans *Discourse studies: A multidisciplinary introduction. Vol. 1: Discourse as structure and process*, sous la dir. de Teun A. van Dijk, 292-319. Londres : Sage, 1997.

Green, Georgia M. « Main clause phenomena in subordinate clauses », *Language* 52.382-397, 1976.

Greenberg, Joseph H. « Some universals of grammar with particular reference to the order of meaningful elements », dans *Universals of language*, sous la dir. de Joseph H. Greenberg, 73–113. Cambridge, MA : MIT, 1963.

Grimes, Joseph E. *The thread of discourse*. La Hague : Mouton, 1975.

Grimes, Joseph E., éd. *Papers on discourse*. SIL Publication No. 51. Dallas, TX : Summer Institute of Linguistics, 1978.

Gundel, Jeanette K. « Universals of topic-comment structure », dans *Studies in syntactic typology*, sous la dir. de Michael Hammond, Edith A. Moravcsik et Jessica R. Wirth, 209–239. Amsterdam : John Benjamins, 1988.

Halliday, M. A. K. *Language as social semiotic: The social interpretation of language and meaning*. Londres : Edward Arnold, 1978.

Halliday, M. A. K. et Ruqaiya Hasan. *Cohesion in English*. Londres : Longman, 1976.

Healey, Phyllis et Alan Healey. « Greek circumstantial participles: Tracking participants with participles in the Greek New Testament », *Occasional Papers in Translation and Textlinguistics* 4.173–259, 1990.

Hobbs, Jerry. *On the coherence and structure of discourse*. Center for the Study of Language and Information, Univ. de Stanford, Technical Report CSLI-85-37, 1985.

Hopper, Paul J., éd. *Tense-aspect: Between semantics and pragmatics*. Amsterdam : John Benjamins, 1982.

Hopper, Paul J. et Sandra A. Thompson. « Transitivity in grammar and discourse », *Language* 56.251–299, 1980.

Hopper, Paul J. et Sandra A. Thompson. « The discourse basis for lexical categories in universal grammar », *Language* 60.703–752, 1984.

Huisman, Roberta D. « Angaataha narrative discourse », *Linguistics* 110.29–42, 1973.

Hwang, Shin Ja J. « Foregrounding information in narrative », *Southwest Journal of Linguistics* 9.2:63–90, 1990.

Hwang, Shin Ja J. « A profile and discourse analysis of an English short story », *Language Research* 33.293–320, 1997.

Jackendoff, Ray S. *Semantic interpretation in Generative Grammar*. Cambridge, MA : MIT Press, 1972.

Jacobs, Melville. *The content and style of oral literature: Clackamas Chinook myths and tales*. Chicago, IL : Univ. de Chicago Press, 1959.

Johnson-Laird, P. N. *Mental models*. Cambridge, MA : Harvard Univ. Press, 1983.

Johnston, Ray. « Devising a written style in an unwritten language », *Read* 11.66–70, 1976.

Labov, William. *Language in the inner city: Studies in the Black English vernacular*. Philadelphia, PA : Univ. de Pennsylvania Press, 1972.

Lambrecht, Knud. *Information structure and sentence form: Topic, focus, and the mental representation of discourse referents.* Cambridge : Cambridge Univ. Press, 1994.

Larson, Mildred L. *Meaning-based translation: A guide to cross-language equivalence.* Lanham, MD : University Press of America, 1984.

Leech, Geoffrey N. *Principles of pragmatics.* Londres : Longman, 1983.

Levinsohn, Stephen H. « Progression and digression in Inga (Quechuan) discourse », *Forum Linguisticum* 1.122–147, 1976.

Levinsohn, Stephen H. « Preposed and postposed adverbials in English », *1992 Work Papers of the Summer Institute of Linguistics, Univ. of North Dakota Session*, 36.19–31, 1992.

Levinsohn, Stephen H. « Field procedures for the analysis of participant reference in a monologue discourse », dans *Discourse features in ten languages of West-Central Africa*, sous la dir. de Stephen H. Levinsohn, 109–121. Dallas, TX : Summer Institute of Linguistics et l'Univ. du Texas à Arlington, 1994.

Levinsohn, Stephen H. « Ordering of propositions in OV languages in Brazil », *Notes on Translation* 13.1.54–56, 1999.

Levinsohn, Stephen H. *Discourse features of New Testament Greek: A coursebook on the information structure of New Testament Greek*, 2e éd. Dallas, TX : SIL International, 2000.

Levinsohn, Stephen H. Séminaire sur l'analyse des textes narratifs : Polycopiés. Ms. 2002. https://www.sil.org/resources/archives/94848.

Levinsohn, Stephen H. *Self-instruction materials on narrative discourse analysis.* Dallas, TX : SIL International, 2023a.

Levinsohn, Stephen H. *Self-instruction materials on non-narrative discourse analysis.* Dallas, TX : SIL International, 2023b.

Li, Charles N. « Direct speech and indirect speech: A functional study », dans *Direct and indirect speech*, sous la dir. de F. Coulmas, 29–45. La Hague : Mouton de Gruyter, 1986.

Li, Charles N. et Sandra A. Thompson. « Subject and topic: A new typology of language », dans *Subject and topic*, sous la dir. de Charles N. Li, 457–489. New York : Academic Press, 1976.

Linde, Charlotte. « Focus of attention and the choice of pronouns in discourse », dans *Syntax and semantics, Vol. 12 : Discourse and syntax*, sous la dir. de Talmy Givón, 337–354. New York : Academic Press, 1979.

Longacre, Robert E. « Sentences as combinations of clauses », dans *Language typology and syntactic description*, sous la dir. de Timothy Shopen, 2.235–286. Cambridge : Cambridge Univ. Press, 1985.

Longacre, Robert E. « Left-shifts in strongly VSO languages », dans *Word order in discourse*, sous la dir. de Pamela Downing et Michael Noonan, 331–354. Philadelphia, PA : John Benjamins, 1995.

Longacre, Robert E. *The grammar of discourse*, 2e éd. New York : Plenum, 1996.

Longacre, Robert E. et Stephen H. Levinsohn. « Field analysis of discourse », dans *Current trends in textlinguistics*, sous la dir. de Wolfgang U. Dressler, 103-122. Berlin : De Gruyter, 1978.

Lyons, John. 1977. *Semantics*. 2 vols. Cambridge : Cambridge Univ. Press.

MacWhinney, Brian. « Processing: universals », dans *International encyclopedia of linguistics*, sous la dir. de William Bright, 3.276-278. New York : Oxford Univ. Press, 1991.

Mann, William C. et Sandra A. Thompson. « Rhetorical Structure Theory: A theory of text organization », dans *The structure of discourse*, sous la dir. de Livia Polanyi. Norwood, NJ : Ablex. Réimprimé en 1987 en tant que rapport ISI/RS-87-190, Marina del Rey, CA : Information Sciences Institute, de laquelle sont tirées les citations. Version abrégée publiée sous le titre « Rhetorical Structure Theory: Toward a functional theory of text organization », *Text* 8.243-281, 1988.

Mfonyam, Joseph Ngwa. « Prominence in Bafut: Syntactic and pragmatic devices », dans *Discourse features in ten languages of West-Central Africa*, sous la dir. de Stephen H. Levinsohn, 191-210. Dallas, TX : Summer Institute of Linguistics et l'Univ. du Texas à Arlington, 1994.

Mithun, Marianne. « Is basic word order universal? », dans *Coherence and grounding in discourse*, sous la dir. de Russell S. Tomlin, 281-328. Amsterdam : John Benjamin, éd. révisée dans *Pragmatics of word order flexibility*, sous la dir. de Doris L. Payne, 15-61. Amsterdam : John Benjamins, 1987.

Moirand, Sophie. « L'évaluation dans les discours scientifiques et professionnels », *Les Carnets du Cediscor* [En ligne], 3 | 1995, mis en ligne le 26 août 2009, consulté le 22 novembre 2017. https://journals.openedition.org/cediscor/497 ; DOI: https://doi.org/10.4000/cediscor.497.

Nida, Eugene A. « Linguistic dimensions of literacy and literature », dans *World literacy manual*, sous la dir. de Floyd Shacklock, 142-161. New York : Committee on World Literacy and Christian Literature, 1967.

Nuyts, Jan. *Aspects of a cognitive-pragmatic theory of language: On cognition, functionalism, and grammar*. Amsterdam : John Benjamins, 1991.

Ochs, Elinor. « Narrative », dans *Discourse studies: A multidisciplinary introduction. Vol. 1: Discourse as structure and process*, sous la dir. de Teun A. van Dijk, 185-207. Londres : Sage, 1997.

Olrik, Axel. « Epic laws of folk narrative », dans *The study of folklore*, sous la dir. de Alan Dundes. Englewood Cliffs, NJ : Prentice-Hall, 1965 ; Traduit de l'allemand, 1909.

Olson, Daniel. « A comparison of thematic paragraph analysis and vocabulary management profiles for an oral corpus ». Mémoire de master. Univ. du Dakota du Nord, 1992.

Paivio, Allan et Ian Begg. *Psychology of language*. Englewood Cliffs, NJ : Prentice-Hall, 1981.

Palmer, F. R. *Mood and modality*. Cambridge : Cambridge Univ. Press, 1986.

Payne, Doris L., éd. *Pragmatics of word order flexibility*. Amsterdam : John Benjamins, 1992.

Pederson, Eric et Jan Nuyts. « Overview: On the relationship between language and conceptualization », dans *Language and conceptualization*, sous la dir. de Jan Nuyts et Eric Pederson, 1–12. Cambridge : Cambridge Univ. Press, 1997.

Perrin, Mona. « Direct and indirect speech in Mambila », *Journal of Linguistics* 10.27–37, 1974.

Perrin, Mona. « Who's who in Mambila folk stories », dans *Papers on discourse*, sous la dir. de Joseph E. Grimes, 105–118. Dallas, TX : Summer Institute of Linguistics, 1978.

Perrin, Mona. « Rheme and focus in Mambila », dans *Discourse features in ten languages of West-Central Africa*, sous la dir. de Stephen H. Levinsohn, 231–241. Dallas, TX : Summer Institute of Linguistics et l'Univ. du Texas à Arlington, 1994.

Pike, Kenneth L. et Evelyn G. Pike. *Grammatical analysis*, 2e éd. Dallas, TX : Summer Institute of Linguistics et l'Univ. du Texas à Arlington, 1982.

Pohlig, James N. et Stephen H. Levinsohn. « Demonstrative adjectives in Mofu-Gudur folktales », dans *Discourse features in ten languages of West-Central Africa*, sous la dir. de Stephen H. Levinsohn, 53–90. Dallas, TX : Summer Institute of Linguistics et l'Univ. du Texas à Arlington, 1994.

Radford, Andrew. *Transformational grammar: A first course*. Cambridge : Cambridge Univ. Press, 1988.

Rattray, R. S. *Akan-Ashanti folk-tales*. Oxford : Clarendon Press, 1969.

Reinhart, Tanya. *Pragmatics and linguistics: An analysis of sentence topics*. Bloomington, IN : Indiana Univ. Linguistics Club, 1982.

Roberts, John R. « The syntax of discourse structure », *Notes on Translation* 11.2.15–34, 1997.

Sandig, Barbara et Margret Selting. « Discourse styles », dans *Discourse studies: A multidisciplinary introduction. Vol. 1: Discourse as structure and process*, sous la dir. de Teun A. van Dijk, 138–156. Londres: Sage, 1997.

Schank, Roger C. et Robert P. Abelson, *Scripts, plans, goals and understanding*. Hillsdale, NJ : Laurence Erlbaum Associates, 1977.

Sperber, Dan et Deirdre Wilson. *Relevance: Communication and cognition*. Chicago, IL : Univ. of Chicago Press, 1986.

Spielman, Roger. « Conversational analysis and cultural knowledge », *Notes on Linguistics* 17.7–17, 1981.

Spreda, Klaus W. « Notes on markers of parallelism in Meta », dans *Discourse features in ten languages of West-Central Africa*, sous la dir. de Stephen H. Levinsohn, 223–230. Dallas, TX : Summer Institute of Linguistics et l'Univ. du Texas à Arlington, 1994.

Tannen, Deborah. « What's in a frame? Surface evidence for underlying expectations », dans *New directions in discourse processing*, sous la dir. de Roy O. Freedle, 137–181. Norwood, NJ : Ablex, 1979.

Tedlock, Dennis. « On the translation of style in oral narrative », dans *Toward new perspectives in folklore*, sous la dir. de Americo Paredes et Richard Bauman. Austin, TX : Univ. of Texas Press, 1972.

Thompson, Sandra A. « Subordination and narrative event structure », dans *Coherence and grounding in discourse*, sous la dir. de Russell S. Tomlin, 435–454. Amsterdam : John Benjamins, 1987.

Thompson, Stith. *The folktale*. Berkeley, CA : Univ. of California Press, 1977.

Toelken, B. « The 'pretty languages' of Yellowman: Genre, mode, and texture in Navaho coyote narratives », dans *Folklore genres*, sous la dir. de D. Ben-Amos. Austin, TX : Univ. of Texas Press, 1981.

Tomlin, Russell S., éd. *Coherence and grounding in discourse*. Amsterdam : John Benjamins, 1987.

Tomlin, Russell S., Linda Forrest, Ming Ming Pu et Myung Hee Kim. « Discourse semantics », dans *Discourse studies: A multidisciplinary introduction. Vol. 1: Discourse as structure and process*, sous la dir. de Teun A. van Dijk, 63–111. Londres : Sage, 1997.

Tomlin, Russell S. et Richard Rhodes. « An introduction to information distribution in Ojibwa », *Papers from the Fifteenth Regional Meeting of the Chicago Linguistics Society*, 307–321. Chicago, IL : Chicago Linguistics Society, 1979.

Van Valin, Robert D., Jr. « A synopsis of Role and Reference Grammar », dans *Advances in Role and Reference Grammar*, sous la dir. de Robert D. Van Valin, Jr., 1–164. Amsterdam : John Benjamins, 1993.

Watters, John R. « Focus in Aghem: A study of its formal correlates and typology », dans *Aghem grammatical structure*, sous la dir. de L. M. Hyman, 137–197. Southern California Occasional Papers in Linguistics, Los Angeles, CA : UCLA, 1979.

Wiesmann, Hannes. *Éléments du discours narratif dans les textes wĩn (toussian du sud)*, Cahiers Voltaïques 2. Bayreuth : Lehrstuhl Afrikanistik 1, 2000.

Woodham, Kathryn. *Analyse de textes san (parler de Toma) : Aperçu des traits caractéristiques du genre narratif d'une langue mandé du Burkina Faso*, Langues et linguistique mandé 5. Cologne : Rüdiger Köppe Verlag, 2003.

Indice

accessoires 24n6, 40, 42, 115, 121
actants, 6, 9, 37, 39, 40, 42, 44, 82, 84, 96, 100, 101, 106, 107, 109, 113, 115, 116, 120, 122, 123, 124, 125, 129, 132, 133, 136, 137
  introduction des 39
  mineurs 121, 122, 124, 127
  principaux 38, 44, 50, 84, 113, 121, 122, 125, 127
action 8, 9, 10, 30, 36, 37, 39, 42, 82, 93, 99, 101
  absence d' 37, 82
  changement d' 36, 37, 39, 41, 65, 107
activation 56, 57, 60
additif 94, 95, 97
affectation du P 82
alternance de codes linguistiques 14
anacoluthe 68, 71
anaphore zéro 114, 117, 123, 125, 129
arrière-plan 41, 49, 55, 70, 81, 82, 83, 84, 86, 87, 88, 91, 97, 101, 102, 108, 109

articulation
  focus-présupposition 64, 73, 79
  présentative 63, 67, 76, 78, 79
  thème-rhème 63, 73, 79, 122
articulations des phrases 63
aspect 74, 82, 85, 86
  imperfectif 86, 88
  perfectif 86, 88
assertion 82
associatif 93, 97
atténuateur 17, 18

Behaghel, Loi de 31

cadre spatio-temporel 84, 88
canal 12
  de la production 15
catégories flexionnelles 28
centre d'attention 55, 126, 127
changement
  de lieu 36, 40, 41
  de temps 40, 41
  de thème 40, 78, 136

cinématique 82
clôture
  formule de 109, 110
coda 108, 110
cohérence 21, 22, 24, 25, 27, 28, 30, 31, 32, 33, 34, 35, 36, 49
cohésion 27, 28, 30, 31, 32, 33, 34, 36, 61
  liens cohésifs 29, 32, 35, 38, 39, 48, 85
collocation 28, 30, 34
complication 83, 107
concepts 50, 51, 53, 57
  accessibles 55, 56, 57
  actifs 55, 56, 57, 60, 126
  inactifs 55, 60
concession 90, 91, 93, 94
configuration
  marquée 75, 76
  non-marquée 75, 76, 77
configurations, fonction discursive des 77
confirmation 94
conjonction 87, 93, 97
  par défaut 93
connecteur pragmatique 94, 97
contexte 10, 12, 24, 25, 32, 39, 44, 58, 62, 68, 74, 85, 93, 94, 115, 133, 134, 135, 136, 137, 138
contextualisation 24, 25, 84
  externe 25, 44, 85
  interne 25, 81, 83
continuité thématique 37, 40, 42, 116
contrainte d'un seul nouveau concept à la fois 57, 60
contraintes pesant sur les relations sémantiques 92, 97
contraste 62, 72, 73, 75, 83, 93, 97
  double 72, 73, 78, 79
  simple 72, 78, 79
conversation 4, 6, 15, 56, 76, 110
  rapportée 39, 47, 49, 85, 86, 88, 99, 100, 102, 103, 104, 136

coordination 47, 95, 97
culminant 108

défaut, par 65, 74, 75, 76, 77, 101, 126, 127, 135, 136, 137
défini 55
dénouement 108
désactivation 56, 57, 60, 115
détermination du P 82
développement
  marqueur de 95, 96, 97, 102, 103
dialecte 14
dialogue 4, 5, 9, 133, 136
  fermé 100, 104
dimensions de la continuité thématique 42
discontinuité thématique 35, 37, 42
discours 3
  direct 100, 101, 104
  enchâssé 4, 9, 10
  indirect 100, 101, 104
  oral ou écrit 15, 105, 127
  rapporté 16, 17, 47, 100, 101, 104, 133, 134
  semi-direct 100, 101, 104
discours citant 16, 18, 100, 101, 102, 104, 136
dislocation
  à droite 45, 68, 71, 78
  à gauche 45, 46, 68, 69, 77
durée 82

échelle
  d'encodage 114, 117, 119, 129
  de saillance linguistique 114
  de transitivité 82
éléments 92
  antéposés 68, 79
  postposés 68, 71, 79
ellipse 28, 29, 34, 57
  de substitution 30

Indice

emplacement 51, 58, 59, 64, 72, 122
enchâssement 4, 9, 41
encodage
  autres que celui par défaut 138
  moindres que celles prévues 138
  par défaut 135, 136, 137, 138
  supérieures à celles prévues 138
énoncés échoïques 28, 30 34
entités 28, 34, 51, 53, 58, 59, 69, 78
épilogue 108, 110
état initial 106, 109, 110
évaluation 5, 40, 84, 85, 87, 107, 108, 109
  direct 88
  indirect 88
événements 8, 51, 52, 53, 83, 84, 85, 87, 102, 108, 116, 121, 136
  principaux 84, 88
  secondaires 84, 86, 88, 121
évidentiels 16
explication 10, 84, 108
expressions
  adverbiales au début de la phrase 79
  descriptives 28, 34

flexionnelles 30, 34
focus 29, 62, 63, 64, 65, 66, 67, 72, 73, 74, 75, 76, 77, 78, 79
  argumentatif 66 62, 64, 79
  marqué 64
  phrastique 62
  portée du 62
  prédicatif 62, 63, 79
fonction
  de traitement 114, 116
  pragmatique 114, 115, 117
  sémantique 114, 115, 117
fonctions discursives 77, 79, 84
force de l'agent 82

genre 4, 7, 10, 12, 14, 15, 17, 46, 76, 106, 114, 120, 126, 127
  comportemental 9, 76
  d'exposition 9, 76
  grandes catégories de 8
  narratif 8, 16, 44, 51, 52, 57, 76, 83, 84, 99, 105, 107, 109, 110, 127
  procédural 8, 76

hyponymie 28, 30, 34
hypothèse irréelle 84, 85, 86, 88

idée-application 104
identité 8, 28, 29, 30, 34
indéfini 17
inégale importance 95
information
  d'importance inégale 153
  donnée 60
  performative 84, 88
intention communicative 9, 10
intonation 32, 40, 61, 64, 65, 92, 101
  centre de l' 65
inventaire des façons d'encoder la référence actancielle 129, 138

langues
  à sujet nul 114
  basées sur la pragmatique 76, 77
  basées sur le syntagme 76
  VO et OV 91, 92, 95, 97
liens cohésifs 27
lieu 23, 24, 37, 38, 42, 84

maintien au statut actif 56, 57, 59, 60
manière de produire le discours 4, 11
marquage 87, 124n

marqueur de relations entre propositions 31, 34
métonymie 28, 34
mise en relief 87, 97
mode 12, 74, 82
monologue 4, 9
mouvement
  de résolution 5, 6, 17, 102
  d'opposition 5, 6, 102, 103
  initial 5, 6, 17, 102

nœud 12, 51, 53, 101, 122
nombre de locuteurs 3, 4
non-événement 83, 84, 86, 88
nouvelle information 62
noyau
  de la phrase 66, 69, 91
  intonatif 62, 63, 64, 65, 66, 74, 68

ordre
  des éléments 58, 63, 76, 77, 92
  des mots est fixe ou rigide 79
  des mots est libre ou flexible 77, 79
  non-marqué 18
  normal 16, 91
  préféré des propositions 91, 97
  relatif des propositions 97
organisation
  du texte 16, 22, 43, 47, 49, 52, 105, 110, 113
  hiérarchique 53
organisation hiérarchique 50
orientation
  des actants 84, 88
  pragmatique 79
  syntaxique 79
  vers l'agent 8
ouverture 106, 110
paire adjacente 5, 102, 103, 104
parallélisme 94, 97
parenthèse 32, 94, 95, 130
partie d'un tout 28, 30

phrase clivée 64, 79
pivot 124, 125
point culminant 107, 110, 125
point de départ 31, 38, 39, 42, 45, 68, 69, 70, 73, 74, 77, 78, 96
portée du focus 62, 79
précédemment 77
précision 17, 18
premier plan 49, 81, 83, 86, 87, 88, 91, 97, 102
principe du flux naturel d'information 77
producteurs 3
pro-formes 28
projection 9
  à partir des données 52, 53
pronom 28, 29, 34, 57, 59, 70, 76, 100, 103, 114, 115, 116, 117, 120, 123, 124, 126, 127, 129, 135
logophorique 101, 104
proposition
  logique 89, 90, 93, 94
  subordonnée 16, 86, 88, 92, 95, 96, 101
propriétés 7, 8, 9, 51, 53
protagoniste 24, 41, 101, 109, 121, 136, 137
  général 123, 124, 125, 127
  ponctuel 124, 125, 126, 127

question-réponse 104

référence
  actancielle 39, 113, 129, 133, 135, 138
  générique 58, 60
registre 4, 7, 9, 11, 12, 13, 14
regroupements thématiques 35, 38, 40, 41, 42, 43, 47, 48, 49, 89

relations 51, 53
  entre propositions 31, 34, 89
  lexicales 28, 30, 34
  sémantiques entre propositions 90, 93, 97
remarque-commentaire 104
renforcement 93, 97
répétition 15, 16, 28, 29, 30, 34, 52, 109, 110, 136
représentation mentale 21, 22, 23, 24, 25, 27, 28, 29, 31, 33, 35, 36, 38, 42, 44, 49, 50, 51, 52, 58, 59, 61, 62, 64, 68, 69, 72, 75, 81, 83, 110, 115, 121, 122
reprise verbale 16, 108
résolution 5, 6, 44, 106, 107, 108, 109, 110
résultat 94, 107, 110, 129
résumé 89, 106, 108, 109, 110
retour en arrière 38, 42, 119, 127
rhème 59, 62, 63, 67, 69, 70, 71, 75, 76, 77, 78
  propre 63, 66, 79
rôle pragmatique 66

satellite 90
schéma 50, 51, 52, 53, 56, 72, 90, 93, 105, 107, 109, 110, 115
schèmes
  intonatifs 28, 32, 34
  morphosyntaxiques 28, 30, 34
segmentation conceptuelle 42
segments 36, 41
signaux des types d'information 88
signaux morphémique 97
signes paralinguistiques 17, 18
spacers 74, 75, 77, 79, 130
statut
  cognitif 56, 57
  d'activation 49, 55, 56, 58, 59, 60, 72, 74, 114
  défini 58, 59, 60, 69

indéfini 58, 60
non-référentiel 59
référentiel 49, 55, 56, 59, 60
stratégie
  du protagoniste 119, 121, 126
  générale 127
  ponctuelle 127
  séquentielle 119, 120, 125, 127
stratégies
  de référenciation 119, 127
  pour élaborer des représentations mentales 51, 53
structuration
  globale 74
  marquée ou non-marquée 79
  pragmatique 28, 31, 34, 49, 61, 62, 65, 67, 74, 79
structure
  d'attente 52, 53, 93, 97, 120, 115
  globale 7, 67, 68, 79
style 4, 11, 12, 14, 16, 18, 22, 101, 127
  personnel 11, 12
substitution 28, 29, 34
  lexicale 29, 34
succession temporelle contingente 8
suivi des actants 138
système de référenciation 116, 117, 119, 126

tableau d'encodage actancielle 130, 138
taxonomique 50
temps 6, 11, 17, 24, 28, 30, 31, 37, 38, 40, 42, 74, 76, 84, 101, 108
tension 9, 44, 108
texte 3
  disposition en tableau 48
  en tableau 43
  type notionnel 7

thème 59, 63, 66, 67, 69, 71, 73, 74, 75, 76, 77, 78, 107, 116, 124
  discursif 70, 79
  externe 69, 79
  interne 69
  marqué 76, 77, 78, 79
  phrastique 70, 79
titre 106, 110
tour de parole 4, 6
traitement
  ascendant 51, 52, 53
  descendant 51, 52, 53
trame 83, 87, 102
transitivité 81, 83
type
  de contenu 4, 7
  d'information focalisée 79

types
  de textes 3, 7, 18, 21, 35, 127
  d'information 85, 88, 102, 104, 107, 113, 116

univers du discours 25, 44

verbale 108
vérification 16
vocabulaire 13
  familier 17, 18
  littéraire 17, 18
  neutre 17, 18
volition 82

Table de matière

Chapitres 1–4 Les types de textes   1

1 Les producteurs : le nombre de locuteurs   3
- 1.1 Les aspects du discours   3
- 1.2 Le monologue opposé au dialogue   4
- 1.3 Les tours de parole et les mouvements dans le dialogue   4

2 Le type de contenu : le genre du texte   7
- 2.1 Les grandes catégories de genre   8
- 2.2 L'enchâssement et l'intention communicative   9

3 La manière de produire le discours : le style et le registre   11
- 3.1 Le style personnel   11
- 3.2 Le registre   12
- 3.3 Remarque sur le genre   14
- 3.4 Remarque sur le dialecte   14

4 Le canal de la production : oral ou écrit   15
- 4.1 La fréquence des répétitions   15
- 4.2 Les écarts par rapport à l'ordre normal   16
- 4.3 L'organisation du texte   16
- 4.4 La précision   17
- 4.5 Les signes paralinguistiques   17
- 4.6 Applications pratiques   17

Chapitres 5–15 Traits communs des discours — 19

5 La cohérence — 21
- 5.1 La cohérence — 22
- 5.2 Contexte et contextualisation — 24

6 La cohésion — 27
- 6.1 Les expressions descriptives faisant allusion à des entités mentionnées précédemment — 28
- 6.2 L'identité — 29
- 6.3 Les relations lexicales — 30
- 6.4 Les schèmes morphosyntaxiques — 30
- 6.5 Les marqueurs de relations entre propositions — 31
- 6.6 Les schèmes intonatifs — 32
- 6.7 L'importance de la cohésion — 32

7 Les regroupements thématiques et les discontinuités thématiques — 35
- 7.1 Les regroupements thématiques — 35
- 7.2 Pourquoi segmenter ici ? — 36
- 7.3 Les dimensions de la continuité thématique dans le récit — 37
- 7.4 Les liens cohésifs et les regroupements thématiques — 38
- 7.5 Quelques considérations pratiques — 41

8 Disposition de textes en tableaux — 43
- 8.1 Par quel type de texte est-il conseillé de commencer ? — 44
- 8.2 Le tableau de base — 44
- 8.3 Conventions — 46
- 8.4 Indiquer les regroupements thématiques — 47

9 Des représentations mentales revisitées — 49
- 9.1 Ce que les représentations mentales représentent — 50
- 9.2 La hiérarchie — 50
- 9.3 Les concepts — 51
- 9.4 Élaborer des représentations mentales — 51

10 Statut d'activation, statut défini et statut référentiel — 55
- 10.1 Le statut d'activation : trois processus — 56
- 10.2 Le statut défini — 58
- 10.3 Référence générique — 58
- 10.4 Le statut référentiel — 59
- 10.5 Précisions sur le statut d'activation — 59

11 La structuration pragmatique des phrases — 61
- 11.1 Focus et portée du focus — 62
- 11.2 Focus, thème, rhème et articulations des phrases — 63
- 11.3 Les indicateurs fréquents de focus — 65

11.4 Structure globale 67
    11.4.1 Point de départ 68
    11.4.2 Les anacoluthes 71
11.5 Le contraste 72
11.6 Les marqueurs de la structuration globale 74
11.7 Les structurations marquées ou non marquées 75
11.8 La fonction discursive des configurations 77

12 Les informations de premier plan et les informations d'arrière-plan — 81
12.1 Le premier plan et l'arrière-plan 81
12.2 Les événements 83
12.3 Les non-événements 84
12.4 Les marques des types d'informations 85
12.5 Marquage 87

13 Signaler les relations entre propositions — 89
13.1 L'ordre préféré des propositions dans les langues VO et celles OV — 91
13.2 Contraintes pesant sur les relations sémantiques 92
13.3 Les connecteurs 93
    13.3.1 Les connecteurs associatifs 93
    13.3.2 Les connecteurs additifs 94
    13.3.3 Les marqueurs de développement 95

14 La conversation rapportée — 99
14.1 La présentation du discours. 100
14.2 Le type d'information contenu dans la conversation rapportée — 102
14.3 Changement de direction dans les conversations rapportées 102

15 Les conventions textuelles — 105
15.1 Le schéma narratif 105
    15.1.1 Le résumé 106
    15.1.2 État initial 106
    15.1.3 La complication 107
    15.1.4 L'évaluation 107
    15.1.5 Le résultat ou la résolution 107
    15.1.6 La coda 108
15.2 Les schémas de répétitions 109
15.3 Les conventions dans les traditions orales et dans celles écrites — 110

Chapitres 16 à 18 La référence actancielle — 111

16 Notions élémentaires sur la référence actancielle — 113
16.1 Les outils linguistiques d'expression de la référence actancielle — 113
16.2 Les fonctions des systèmes de référenciation 114

17 Les stratégies de référenciation — 119
17.1 Les stratégies séquentielles (retour en arrière) 119

17.2	La stratégie du protagoniste	121
17.2.1	Les actants mineurs et principaux, les protagonistes généraux	121
17.2.2	Les protagonistes ponctuels	124
17.3	Décrire le système de référenciation	126

18 Une méthode d'analyse des structures de référenciation — 129

- 18.1 Dresser un inventaire des façons d'encoder la référence actancielle — 129
- 18.2 Préparer un tableau d'encodage actancielle du texte — 130
- 18.3 Suivre les actants — 132
- 18.4 Identifier le contexte de chaque référence actancielle — 133
- 18.5 Proposer un encodage par défaut pour chaque contexte — 135
- 18.6 Étudier le texte à la recherche d'encodages autres que celui par défaut — 135
  - 18.6.1 Quand les informations encodantes sont moindres que celles prédites — 136
  - 18.6.2 Quand les informations encodantes sont plus riches que celles prédites — 136
- 18.7 Intégrer toutes les modifications aux propositions de la section — 137
- 18.8 Généraliser les raisons des exceptions à l'encodage par défaut — 137

Appendice A : « Le secret de maître Cornille » — 139

Appendice B : "The Train Ride" (« Le voyage en train ») — 145

Appendice C : Extrait de « Le guérisseur et sa femme » — 151

Références — 155

Indice — 165

Robert A. Dooley est un ancien consultant linguiste avec SIL International avec un intérêt spécial pour la syntaxe et le discours. Il a un doctorat en mathématique de la Oklahoma State University (1973) et a été au service de SIL de 1974 jusqu'à sa retraite en 2017. Lui, et avec sa femme Kathie, ont travaillé avec les peuples Mbyá Guarani (GUN) au Brésil jusqu'à la publication de la Bible dans cette langue (*Nhanderuete Ayvu Iky'a E'ỹ Va'e/ A Bíblia Sagrada na Língua Guarani Mbyá*, Sociedade Bíblica do Brasil, 2004). En plus du travail dans l'analyse linguistique, la traduction, et les consultations sur le terrain il a été associé avec le Curso de Linguística e Missiologia au Brésil et au Summer Institute of Linguistics at the University of North Dakota (pour lequel *Analyzing Discourse: A Manual of Basic Concepts* avait été écrit à l'origine, en 2001). Il vit actuellement à Wilmington, North Carolina, où il a aidé avec une adaptation du dialecte de la Mbyá Guarani Bible pour des orateurs en Argentine et au Paraguay.

Ouvrages de cet auteur sur les langues et les archives de culture chez SIL
https://www.sil.org/resources/search/contributor/dooley-robert

Ouvrages de cet auteur dans Google Scholar
https://scholar.google.com.au/citations?hl=en&user=puQO0wQAAAAJ

Stephen H. Levinsohn est un consultant linguiste avec SIL International. Il a un doctorat en sciences linguistiques de l'Université de Reading, Angleterre, sur le sujet "Relationships between Constituents beyond the Clause in the Acts of the Apostles" (1980), dont des parties ont été publiées en 1987 par the Society of Biblical Literature sous le titre *Textual Connections in Acts*. Lui et sa femme, Nessie, étaient devenus membres de SIL International en 1965. Ils ont travaillé avec les Inga peuple (Quechuan) en Colombie de 1968 à 1997. Depuis 1997 Stephen a géré les ateliers 'Discourse for Translation' dans 20 pays pour des traducteurs linguistes travaillant avec plus de 400 langues. Les participants nationaux et expatriés dans les ateliers apprennent premièrement comment analyser les textes dans les langues qu'ils étudient (les langues du récepteur), tout en apprenant comment les langues d'origine traitent les mêmes tâches du discours. Ils appliquent ensuite leurs découvertes pour esquisser les traductions dans les langues du récepteur. Ils appliquent ensuite leurs découvertes pour rédiger les traductions dans les langues du récepteur.

Site web académique
https://www.sil.org/biography/stephen-levinsohn

Ouvrages de cet auteur sur les langues et les archives de culture chez SIL
https://www.sil.org/resources/search/contributor/levinsohn-stephen-h

Ouvrages de cet auteur sur Google Scholar
https://scholar.google.com/citations?user=RpsBdtsAAAAJ&hl=en

www.ingramcontent.com/pod-product-compliance
Lightning Source LLC
Chambersburg PA
CBHW052100300426
44117CB00013B/2221